知道中国文化

余秋雨题

余秋雨◎序
徐　亮◎著

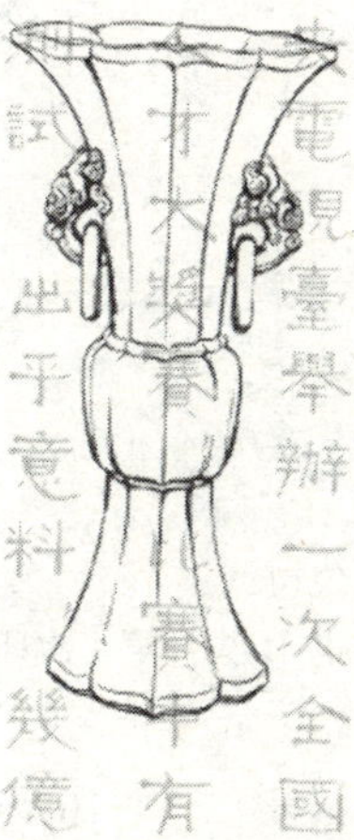

二十一世纪出版社
21st Century Publishing House

图书在版编目(CIP)数据

知道点中国文化 / 徐亮著.
—南昌:二十一世纪出版社,2006.8
(知道点丛书 / 丹飞主编)
ISBN 978-7-5391-3498-7

Ⅰ.知… Ⅱ.徐… Ⅲ.文化—中国—通俗读物 Ⅳ.G12-49

中国版本图书馆 CIP 数据核字(2006)第 093720 号

知道点中国文化 徐亮/著

策　　划 张秋林
责任编辑 敖　德　林　云
特约编辑 千　日　李耀辉
版式设计 李鸿雁
出版发行 二十一世纪出版社(江西省南昌市子安路 75 号　330009)
www.21cccc.com　cc21@163.net
出 版 人 张秋林
经　　销 全国新华书店
印　　刷 三河市三佳印刷装订有限公司
版　　次 2007 年 3 月第 1 版　　2007 年 3 月第 1 次印刷
开　　本 710mm×1000mm　　1/16
字　　数 260 千字
印　　张 17.875
书　　号 ISBN 978-7-5391-3498-7
定　　价 24.80 元

(如发现印装质量问题,请寄本社图书发行公司调换,服务热线:0791-6524997)

序

余秋雨

北京大学历史系、中文系的一批青年学者编了一套“知道点”丛书，邀我写序。我对丛书的名称有点好奇，一问，明白了他们的意思，就决定写了。

原来，这套丛书里每一本的标题，都以“知道点”开头，如《知道点中国历史》、《知道点中国文化》、《知道点世界文化》……落脚点都显得宏大，而着眼点却很谦虚，显出青年学者的俏皮。中外文化是万仞群峰，我们不应该畏其高峻而仓皇躲开，更不应该看了两眼而自以为已经了如指掌。我们所能做的，是尊敬地在山脚下仰视，勤快地在山道口打听，简单说来，也就是：知道点。

首先，不知道是可惜的。区区五尺之躯，不以文化群峰作为背景，只是一种无觉无明、平庸卑琐的生理存在。人凭文化与外界进行不同层次的沟通，并通过文化证明自己是谁，对此，即使文化程度不高的人也有一种荣辱感。记得去年中央电视台举办一次全国直播的青年艺术人才大奖赛，比赛中有一项文史知识测试，结果出乎意料，几亿观众对这一部分的关注远远超过比赛的主体项目，全国各省观众对于自己省派出的选手在艺术技能上的落败并不在乎，却无法容忍他们居然答不出那些文史知识的试题。由此可知，直到今天，很多中国人还是习惯于在文化上寻求自身尊严和群体尊严的，这很不错。

但是，紧接下来的问题是，又必须提防人们对于文史知识的沉溺。沉溺，看似深入，实则是一种以文化名义制造的灭顶之灾。中国明清之后一直有一批名人以引诱别人沉溺来谋生，很不道德。因此，必须在文化的群峰间标画一些简明的线路，在历史的大海中铺设一些浮标的缆索，使人们既领略山水之胜又不至于沉溺。这种做法用一种通俗用语来表述，就是不必知道得太多、太杂、太碎、太滥，只须“知道点”。

“知道点”，不是降低标准，而是提高标准。这就像线路的设定者一定比一般的逛山者更懂得山，缆索铺设者也一定比一般的游水者更熟识海。不仅更懂、更熟识，而且也更有人道精神，更有文化责任。

正是在这个意义上，我觉得北大青年学者们编写这套“知道点”丛书是一项有价值的事业。新世纪的公民不可能全然舍弃人类以前创造的文化历史背景，却又不能让以前的创造来阻断今天的创造，因此应该有更多的山路划定者和缆索铺设者。只有这样，壮丽的历史文化才能真正成为新世纪的财产。

目 录

儒史佛道

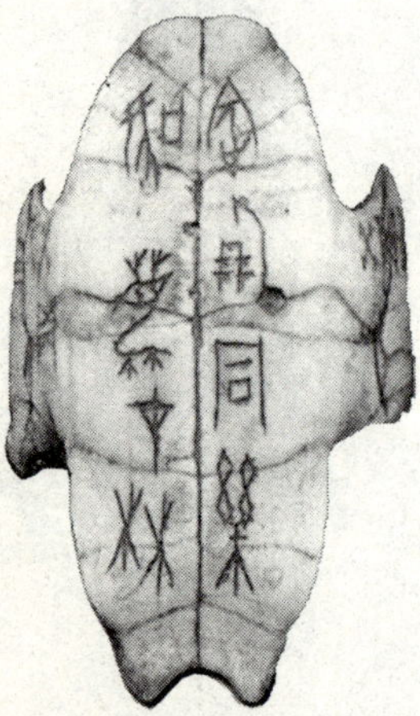

文学歌舞

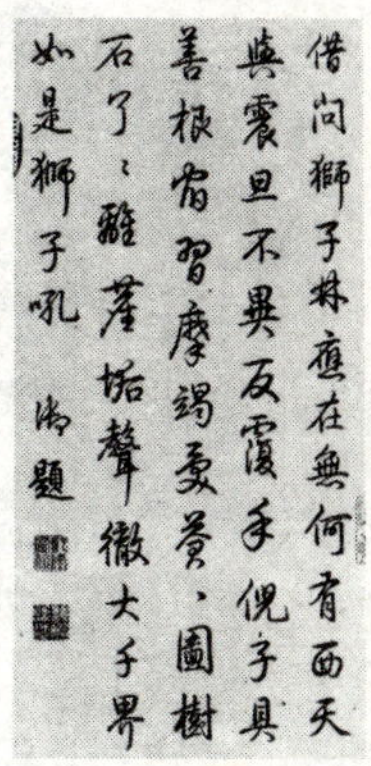

琴棋书画

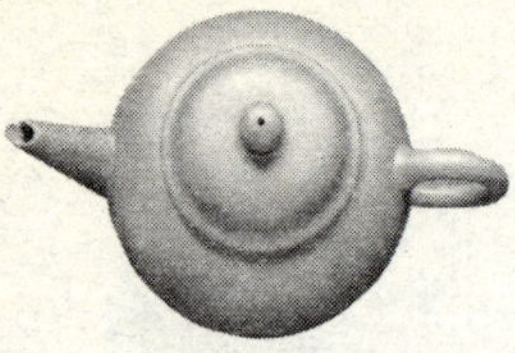

衣食住行

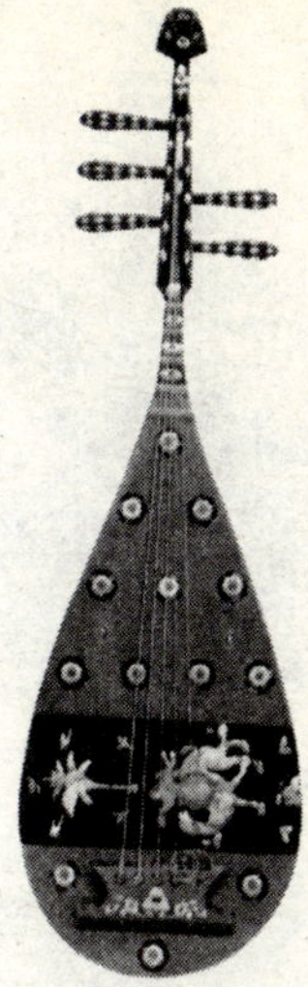

兵事体育

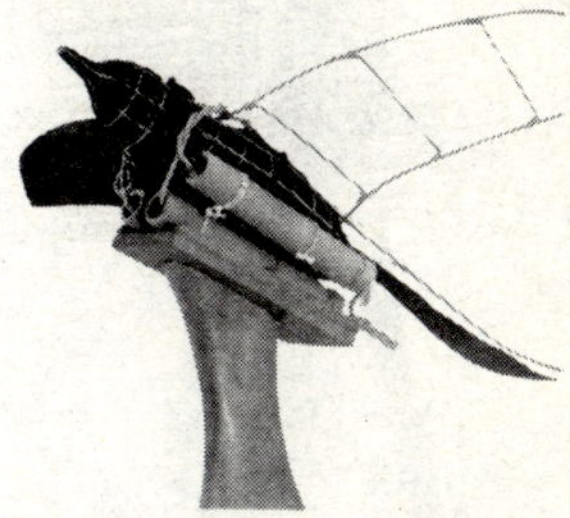

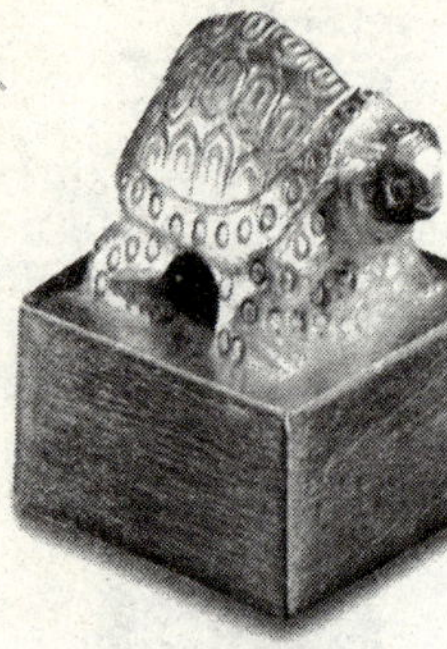

宗法礼仪

服饰器物

建筑陵寝

医卜星相

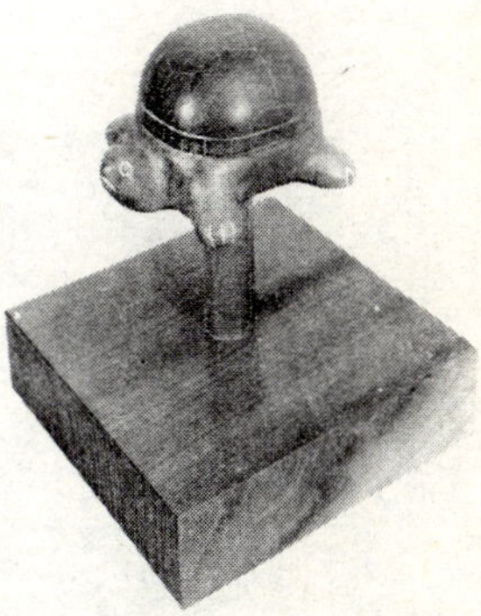

儒 史 佛 道

以山为名的孔子

孔子是我国历史上伟大的思想家和教育家，也是春秋末期儒家学派的创始人。

孔丘，字仲尼，公元前551年生，公元前479年去世，山东曲阜人。孔子的父亲叔梁纥，做过邹邑县城的大夫，娶了一个叫颜征在的女人，婚后很久没有孩子，夫妻两人就到尼丘山上祷告真神，颜征在因此怀孕，生下孔子。孔子的父母为纪念尼丘山，就给孔子起名叫“丘”，字“仲尼”。

孔子在政治上主张严格遵守“礼”的规定，他还特别强调“仁”。他认为“仁”就是“爱人”，并提出“己所不欲，勿施于人”等观点。他反对苛政，要求统治者对劳动人民的剥削和压迫要有个限度。他的目的是为了缓和阶级矛盾，但在客观上却促进了生产力的发展。

孔子像

尼丘山夫子洞，相传为孔子出生处。

孔子对我国古代教育事业做出了重大的贡献。他开创的私人学堂，弟子达三千人，各阶层的人都可以到他那里学习，改变了过去教育被官府垄断，只有贵族子弟才可以受教育的情况，这在我国教育史上具有划时代的意义。在教学方面，他也有很多重要的经验：注意“因材施教”，主张学习知识要“温故而知新”，学习态度要“知之为知之，不知为不知”，要把学习和思考结合起来，“学而不思则罔，思而不学则殆”等。

孔子的另一重大贡献是整理编订古代文化典籍《诗经》、《尚书》、《礼记》、《乐经》、《周易》和《春秋》。其中除《乐经》失传外，其他“五经”一直流传到现在，为我们提供了研究古代历史的珍贵资料。

孔子的言论，主要记载在《论语》中。这部书是他的弟子和孔门后生辑录的，是我国古代一部有名的儒家经典。

汉朝以后，孔子的思想逐渐成为了封建社会的正统思想。

韩愈华山投书

传说唐朝后期，韩愈被贬，独自一人来到华山游玩散心。他立于峰头上，只见华山重峦叠嶂，苍松郁郁，无限奇景，甚是壮观。但是下山时却因山路太险，身软腿颤，被困在山上。为减轻行李，他把所带的书籍都丢下岭去，但还是不能前行半步。被困多时的他想到自己

韩愈《鸢飞鱼跃》

的坎坷遭遇，不由得放声大哭，悲叹道：“难道我韩愈就葬身于此了？”

但韩愈毕竟是位智者，他拿出随身携带的笔墨纸砚，很快写好了一封求救信扔下山去。不久，一位采药者将此信交到了华阴县令那里，县令立即派人将韩愈救下山去。

后来，有一位山西的百岁老人赵文备游到“韩退之投书处”，有感韩愈的逸事，大笑不止。后人又于旁题刻“苍龙岭韩退之大哭词家赵文备百岁笑韩处”。后来清代李柏登山至此，面对一哭一笑，又表现出另一种心态，并作诗云：“华之险，岭为要。韩老哭，赵老笑，一哭一笑传二妙。李柏不笑也不哭，独立岭上但长啸。”

韩愈，字退之（768 年～824 年），他的原籍是河内修武（今河南南阳县），先世曾居昌黎，所以也自称昌黎人，世称韩昌黎。因官至吏部侍郎，又称韩吏部。谥号“文”，又称韩文公。

韩愈三岁就父母双亡，依靠着哥哥及嫂嫂郑氏抚养。七岁就知道努力学习，十一岁时，他哥哥贬官岭南。他跟着哥哥嫂嫂迁徙到南方。十五岁时，他的哥哥死在韶州刺史任内，韩愈跟着嫂嫂，带着哥哥的灵柩，万里奔波归葬中原。又值中原多事，兵荒马乱，全家又迁居到宣州（今安徽宣城）。命运坎坷，历尽艰苦，一直过着颠沛流离的生活。

凄凉孤苦的身世，颠沛流离的生活，使他发奋刻苦自修、好学不倦。

唐德宗贞元八年（792年），韩愈考取了进士，时年二十五岁。因为生性耿直，不善钻营，直到三十一岁才得到入仕的机会。在做监察御史、职方员外郎、中书舍人的时候，前后三次被贬官，都是因为上书奏陈政事，与朝廷议论不合而获罪，后迁刑部侍郎。又因谏迎佛骨，贬潮州刺史。不久被召回朝，历任国子祭酒、兵部侍郎、吏部侍郎、京兆尹等职。

韩愈的思想渊源于儒家，他以儒家正统自居，却又主张孔墨相用，又推崇管仲、商鞅的事迹。后人对韩愈评价颇高，尊他为唐宋散文八大家之首。韩愈的文章议论严正，规模宏大。杜牧把韩文与杜诗并列，称为“杜诗韩笔”；苏轼称他“文起八代之衰”。韩柳倡导的古文运动，开辟了唐以来古文的发展道路。韩诗力求新奇，重气势，有独创之功。

白鹿洞书院

位于江西庐山五老峰下的白鹿洞书院

白鹿洞书院位于江西省庐山东南五老峰下的海会镇和星子县白鹿乡的交界处。全院占地面积近300亩，建筑面积3800平方米。

白鹿洞书院初为唐代洛阳人李渤与其兄隐居读书之处。李渤养一白鹿，出入跟随，人称之白鹿先生。白鹿洞四面环山，俯视似洞，因此得名。长庆年间（821年～824年），李渤任江州刺史，在白鹿洞筑建台榭，遍植花木。从此，白鹿洞名垂一时，逐渐成为四乡文人的往还之地。

南唐四年（940年），南唐政权在李渤隐居的地方建立学馆，称“庐山国学”，又称“白鹿国学”。这是一所与南京金陵监、北京国子监相类似的高等学府。北宋初年，又将庐山国学加以扩充，改名为“白鹿书院”。

白鹿洞书院是宋朝的四大书院之一，理学家朱熹曾在此讲学，可见当时在中国文学界地位之显赫。

白鹿洞书院为我国历史上著名的书院之一，曾被誉为“海内书院第一”、“天下书院之首”。在它兴教以来，延续时间达一千余年，曾为封建社会培养出一批批人才。

戴震十岁难师

戴震像

戴震是清代的大学者，字东原。他十岁上学时，教书先生说：“《大学》是一部记载孔子言论的书，是由曾子记述的，其中有的话就是曾子说的，又由曾子学生记述的。”

戴东原不理解地问道：“怎么知道是孔子说的、曾子记的？怎么又知道有些是曾子说的、曾子学生记的？”

先生说：“这是先儒朱熹讲的。”戴东原仍不解，又问：“朱熹是什么时代的人？”先生说：“是南宋人。”戴东原再问：“孔子、曾子是什么时代的人？”先生说：“是东周人。”戴东原追问：“东周与南宋相隔多少年？”先生说：“大约二千年。”

戴东原更加不解：“二千年后的朱熹怎么就知道《大学》是孔子和曾子的言论呢？”

先生无言以对。

南宋硕儒朱熹以《礼记》中的《大学》、《中庸》与

《论语》、《孟子》并列，形成了今天人们所熟知的《四书》。在汉代，以《易》、《诗》、《书》、《礼》、《春秋》为“五经”，官方颇为重视，立于学馆。合在一起，就是旧时上学必读的“四书五经”。经现代学者们研究后，认为《大学》一书，“说经”一章是曾参述孔子语，其余的都是曾参门人记述的曾参的话。也就是说朱熹的说法是对的，但是戴东原能够不懂就问，是一种很值得赞许的求学精神。人都是学而知之，不知不懂并不可耻，不知装知，不懂装懂，不但可耻，而且有害，害人害已害国家。

汉字的起源与六书

文字的使用，是人类文明的一大进步。汉字以“象形文字”为特征而在人类语林中独树一帜。

那么，汉字起源于何时，又是谁创造的呢？

《世本》、《荀子》、《吕氏春秋》、《韩非子》等古文献，都说汉字是在黄帝时代由仓颉、沮诵两人创造的。

许慎的《说文解字》认为伏羲作八卦，启发人们根据不同事物去作不同的符号。神农氏时代“结绳而治”，但庶事繁多，最终不能满足。于是，应历史潮流，在黄帝时代就出现了仓颉造字，并说仓颉初造字时，“依类象形”谓之文，后来“形声相益”谓之字。经过长期演进发展，总结成构成汉字的六种方法，称为“六书”，即“指事、象形、形声、会意、转注、假借”。

还有的古书说，仓颉仰观星象圆曲之势，俯察龟纹纵横之象，至于什么鸟羽、山川，甚至手掌纹路等，都是他据以创作文字的基础。

大型牛骨刻辞

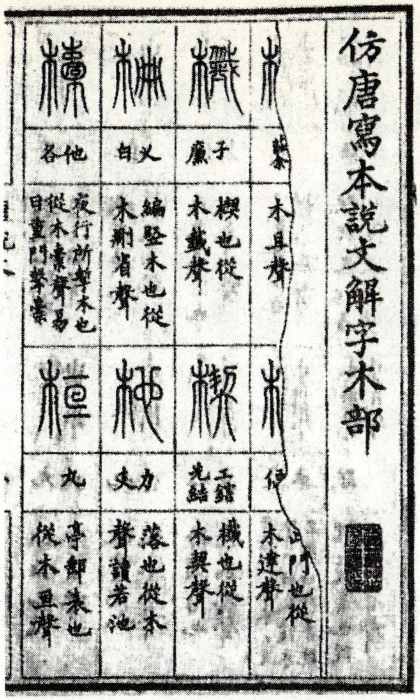

《仿唐写本说文解字》(原件藏日本大阪杏雨书屋)

鲁迅在《门外文谈》中曾对此作了深刻的讽刺："我们听惯了的一件东西，总是古时候一位圣贤所造的故事，对于文字，也当然要有这质问。但立刻就有忘记了来源的答话：字是仓颉造的。"

"这是一般的学者的主张，他自然有他的出典。我还见过一幅这位仓颉的画像，是生着四只眼睛的老头陀。可见要造文字，相貌先得出奇，我们这种只有两只眼睛的人，是不但本领不够，连相貌也不配的。"

还有古人认为是伏羲造字代替结绳记事，文籍也在他那个时代兴起，这显然要比黄帝时代早得多了。

在清末民初疑古思潮的影响下，有人提出汉字实际上是孔子亲自创造的，然而甲骨文的发现迅速粉碎了这种神化孔子的说法。甲骨文的发现也动摇了《说文解字》有关文字起源的传说，对传说的"六书"理论也提出了各种质疑。

现在，我们知道，中国文字的基础是"象形"，是广大劳动人民在生产生活中创造出来的。

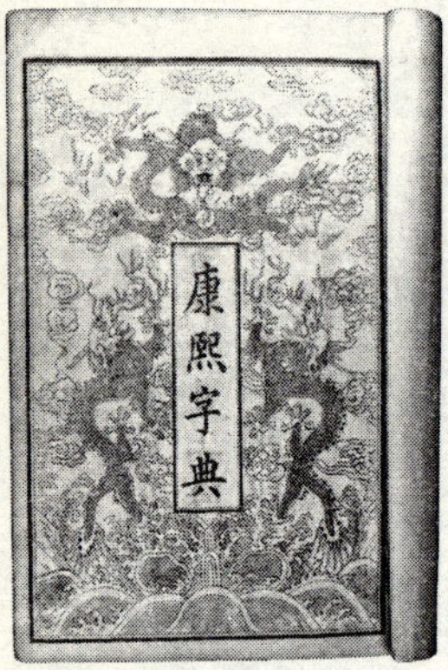

《康熙字典》书影

历代汉字知多少

汉字是我们交流的工具，也是我国传统文化中的珍宝。那么，历代到底有多少汉字呢？

据学者统计，目前发现的甲骨文约有 3500～4500 个字，大概在商朝的时候，也就有这么多文字了。

而到了汉朝，汉字的数量大大增加。扬雄的《训纂篇》收录 2040 个字，还不算多。许慎的《说文解字》是中国最早的一部字典，共收录了 9353 个字。

到了三国时，魏国的李登写了《声类》一书，共收录了 11520 个字；张揖的《广雅》收录 18151个字。

梁朝的顾野王著的《玉篇》，共收录汉字 22726 个，这大概是当时汉字的总数目。

到了宋朝，汉字的数量又增加了。陈彭年等著的《广韵》收录了 26194 个字，而王洙、司马光等人编写的《类篇》共收录了 33190 个字。

明代张自烈的《正字通》，共收录 33440 个字。清朝汉字的数量进一步增加，张玉书等编纂的《康熙字典》共收录了 47035 个汉字。

当代，《中华大字典》共收录 48000 个字；《汉语大字典》共收录 56000 个字；《中华字海》共收录 86000 个字。

世界上惟一“活”着的古文字

在世界范围内，一般的图画象形文字早在几千年前就已经完成历史使命而绝迹了，而中国纳西族先民创造的图画象形文字至今仍有人在使用，因而被公认为是世界上惟一“活”着的古文字。

迄今为止收集的纳西象形文字单字有两千多个，因兼有表音、表意和假借的成分，使人感到看东巴经书犹如看“天书”。

人口不足三十万的中国纳西族人居住在以滇西北丽江县为中心的金沙江和澜沧江流域。

纳西象形文字是纳西族先民模仿人、兽、花、鸟和山川河流等形状创造出来的。

纳西象形文字创始于何时至今无定论。纳西族古籍里说，古代有圣人，为创制汉、藏、纳西三种文字之三人，生于同时，分居三地。纳西象形文字的成批产生，是在政治经济发展较快、纳西族不再迁徙游牧的唐宋时期。

汉文化传入纳西族地区后，汉文字成为纳西族日常应用的文字。但长期以来，纳西象形文字由被称为“东巴”的纳西族巫师掌握并使用着，变化极少。

东巴主持各种祭祀仪式时，都要吟诵用纳西象形文字记录的东巴经。这使得纳西象形文字没有如中国的甲骨文、埃及的古象形文、古巴比伦的楔形文字等古文字一样，湮灭在历史的尘埃中。

纳西族地区至今保留着约一万四千卷东巴经，给世人留下了弥足珍贵的文化遗产。它记录了古代纳西族人从原始社会、奴隶社会到封建社会初期这一漫长历史中社会生活的方方面面。

四十多年前，丽江县至少有精通纳西象形文字的五百名东巴，后来他们被看做“牛鬼蛇神”遭到批判，大量东巴经书被焚毁。丽江东巴文化研究所副研究员王世英说：“现在丽江的老东巴不足十人。”可见，抢救纳西古文字刻不容缓。

纳西古文字

甲骨文如何拨云见日

闻名中外的商代甲骨文，是我国目前已知最早的比较成熟的文字。

光绪二十五年（1899年），清朝最高学府的主管官员——国子监祭酒王懿荣，害了疟疾，去药铺买药。当时他要买的是一种叫“龙骨”的药材，即一些大小不一的骨头片。王懿荣是古文物家，他在所买的“龙骨”上发现了很多符号，经研究认为是古代的文字。于是，他买下了药铺中所有的“龙骨”，得到了很多带符号的“龙骨”。他发现，这些“龙骨”其实是古代的龟甲和兽骨，它们是从商朝京城的遗址——河南安阳西北郊小屯村一带出土的，是三千多年前商代的遗物。上面的文字，很有可能记载了古代的历史。

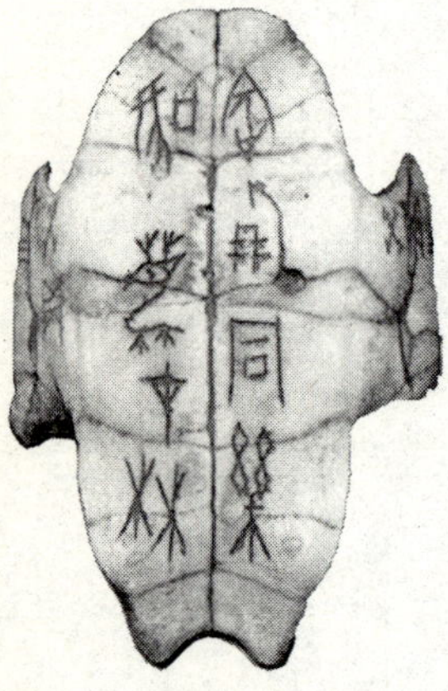

甲骨文

从此，甲骨文作为一种亟待研究的文字为学者所重视。后经刘鹗、孙诒让、罗振玉、王国维、叶玉森诸家先后搜集考究，其中罗振玉更是竭尽全力提倡，始奠定了“甲骨学”的地位。

1903年，著名的《老残游记》的作者刘鹗写了《铁云藏龟》，这是有关甲骨文的第一部著录。第二年，也就是1904年，著名古典文学家孙诒让撰写的《契文举例》二卷出版，这是历史上第一部研究甲骨文的专著。

自那之后，对甲骨的发掘、收购工作基本上没有间断。1936年第十三次发掘殷墟时，在YH127坑得到了甲骨一万七千余片，其中有完整甲骨近三百版，是自发现甲骨文以来最重大的收获。解放以后，1973年在小屯南地的发掘中，得甲骨五千多片，这些后来成为了断代研究方面的新资料。1977年，在陕西岐山凤雏村又出土西周甲骨一万七千余片，为甲骨学史上又一惊人发现。

自从王懿荣首先认识并收购甲骨，发现和认识甲骨文以来，已经有一百多年了。这一百多年的时间并不算长，可是在甲骨文的考释、著录和研究方面作出的成绩却是巨大的。究其原因，一方面固然与中外学者的努力分不开，另一方面也是甲骨文本身具有的重要学术价值所决定的。

如果对甲骨文作一科学的定义，那么可以说：所谓甲骨文，就是商朝后半期殷代帝王用龟甲、兽骨进行占卦时刻写的卜辞和少量记事文字。这种卜辞和记事文字，虽然严格地说起来并不是历史记载，但是因为它的数量众多，内容丰富，又因为时代比较早，所以一直是研究我国古代文字和古代史，特别是研究商代历史的最重要的和最直接的史料。

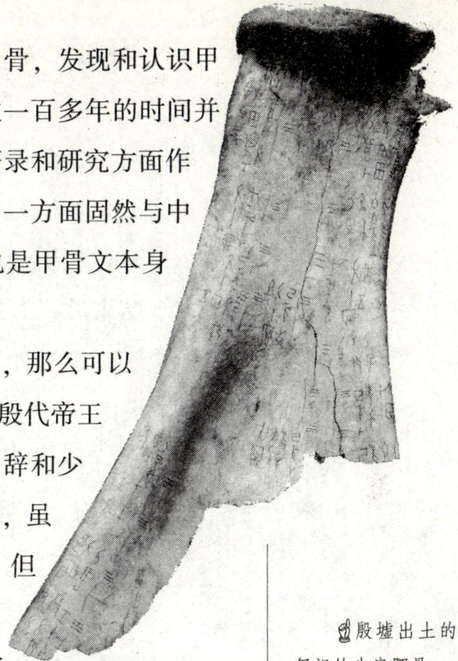

殷墟出土的记载畋猎祭祀的牛肩胛骨

现在，甲骨文的研究具有了世界性，引起了国内外许多专家学者的兴趣，并且取得了巨大的成绩。

龟甲上的文字

甲骨文是商代的人用青铜刀刻在龟甲、兽骨上的文字。文字是以契刀刻画的，故又名“契文”或“契刻”。此外，因甲骨文字出土的地方在河南省安阳市（原是殷代故都），所以又称为“殷墟文字”。

商代的人们怎么会把文字刻在甲骨上呢？

原来，当时占卜之风盛行，不论大事小事，如战争的胜负、打猎的收获、疾病的轻重、庄稼的收成、有无风雨、生孩子是男是女等等，奴隶主贵族都要进行占卜，向鬼神询问吉凶祸福，以便决定行止。占卜的方法是先在甲骨上凿出椭圆形的小槽或者钻个孔，然后用火烘烤。甲骨凿过或钻过的地方在烘烤时会出现一些裂纹，人们认为裂纹表示鬼神的意志，就根据裂纹的形状判断吉凶。

殷墟出土的记载文字的龟甲

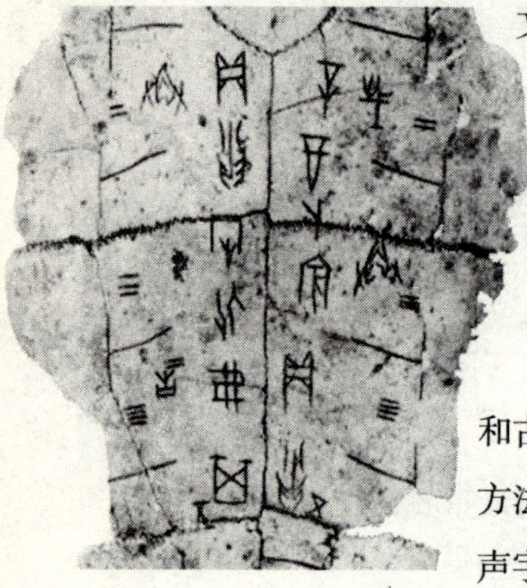

占卜结束后，人们即把所问的事情和占卜的结果用文字刻在甲骨上，以后又把应验的情况也刻在甲骨上。

由于甲骨上刻的都是占卜的记录，所以今人称它为“卜辞”。卜辞短的一两个字，长的可达几十个字。

甲骨文字，目前发现的有四千多个。经历史学家和古文字学家考释出来的将近一半。甲骨文字的造字方法已是多种多样，不但有象形字，也有会意字、形声字、假借字和指事字。这表明，甲骨文已经是比较成熟的文字。夏代虽然出现了文字，但就目前的资料来看，数量极少，因而商代的甲骨文，是我国已知最早的比较成熟的文字。

另外，文字只有到了甲骨文的时代，才称得上是书法。因为甲骨文已具备了中国书法的三个基本要素：笔画、间架和章法。而此前的图画符号并不全有这三种要素。甲骨文字大体上有契刻体与笔写体两种书体，文字风格演变可以说是由契刻体向笔写体方向发展的。

纪传本与《史记》

在我国古书中，史书所占比重非常大。可以说，我国的史书浩如烟海。这正是我国古代文明最为直接的证明和载体。其他的国家，或者根本就没有我国这么值得骄傲的悠久的历史，或者是虽然历史很久远而没有这么多史书记载，从而损失了绝大部分可以继承的古代文明。

我国古人编写史书有多种体裁，作为“正史”的“二十五史”采用纪传体。这种史学体裁始于司马迁的《史记》。

那么，什么是纪传体呢？纪传体是以“本纪”和“列传”为主体的史书写作体裁。

“本纪”的内容是记述帝王生平事件，按时间顺序记载重大事件，排列在全书最前面。

“列传”主要是人物传记。不论是《史记》，还是其他纪传体史书，“列传”都是全书中篇幅最多的。在“二十五史”中，一般把列传放在最后面。

在“本纪”、“列传”之外，《史记》还有“表”、“书”、“世家”。“表”采用表格的形式，按一定的顺序，谱列人物和事件。“书”专门记载典章制度，每一篇“书”，犹如一部专史。“世家”主要用来记载子孙世袭的王侯封国历史。

纪传体非常有助于有条理地记载历史，是《史记》的伟大发明。当然，这种体例非常深刻地烙上了中国儒家的思想道德的烙印，“天地君亲师”的道德观和伦理观直接的体现就是帝王的特殊性。

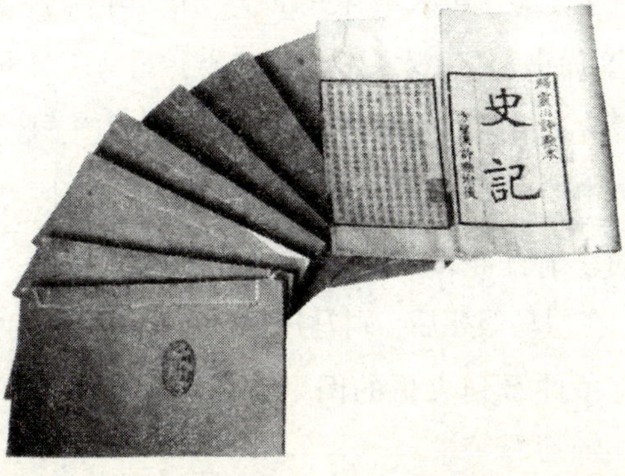

《史记》书影

学究天人的太史公

司马迁像

《史记》是一部贯穿古今的通史，从传说中的黄帝开始，一直写到汉武帝元狩元年，叙述了我国三千年左右的历史。全书有本纪十二篇，表十篇，书八篇，世家三十篇，列传七十篇，共一百三十篇。

《史记》不仅取材广泛，修史态度严肃认真，而且记事翔实，内容丰富，是我国第一部正史，成为“二十四史”之首，被称为“史家之绝唱，无韵之离骚”。

《史记》最初没有固定的书名，或称“太史公书”，或称“太史公记”，有的时候也称“太史公”。本来，“史记”是古代史书的通称，直到三国时期，“史记”才由通称逐渐具有了“太史公书”的专名。

《史记》的作者司马迁，字子长，生于汉景帝中元五年，卒于汉武帝征和三年左右。

司马迁的父亲司马谈就是汉朝的“太史令”，负责管理皇家图书、收集史料和研究天文历法。司马谈早就打算编写一部通史，但是，他的愿望没有实现就死去了。

他在临死的时候，嘱咐司马迁一定要完成他未竟的事业。司马迁一生，都在为这个目标努力奋斗。

从小时候起，司马迁就很刻苦，他十岁开始学习当时的古文，后来跟大学者董仲舒、孔安国学过《公羊春秋》、《古文尚书》。在汉武帝元朔三年，司马迁二十岁的时候，他漫游了祖国的名山大川，到处考察古迹，收集传说。在游历中，司马迁开阔了胸襟，增长了知识，为后来编写《史记》做了很好的准备。

在司马谈死后，司马迁承袭父职，做了太史令。这使他有条件看到大量的图书文献和国家档案，这对编写

《史记》来说，是一个不可缺少的条件。在汉武帝太初元年，司马迁开始编写《史记》。

汉武帝天汉二年，大将李陵率兵随李广利出兵匈奴，结果兵败投降。司马迁说，李陵投降是因为寡不敌众，又没有救兵，责任不全在李陵身上。结果专横的汉武帝认为司马迁这么说是有意替李陵开脱，贬责汉武帝的大舅子李广利。于是，他把司马迁投进监狱，处以宫刑——割掉生殖器。

司马迁怀着深重的耻辱感，忍受着肉体的伤痛，更加发愤地写作《史记》。大约在征和二年，《史记》问世了。可悲的是在司马迁死后的许多年后，他的外孙杨恽才把这部五十二万多字的不朽名著公之于世。

范晔与《后汉书》

《后汉书》有九十卷，是南宋的范晔撰写的。《后汉书》记述的是从刘秀起兵推翻王莽政权起，到汉献帝禅位于曹丕止的东汉一百九十五年的历史。

《后汉书》书影

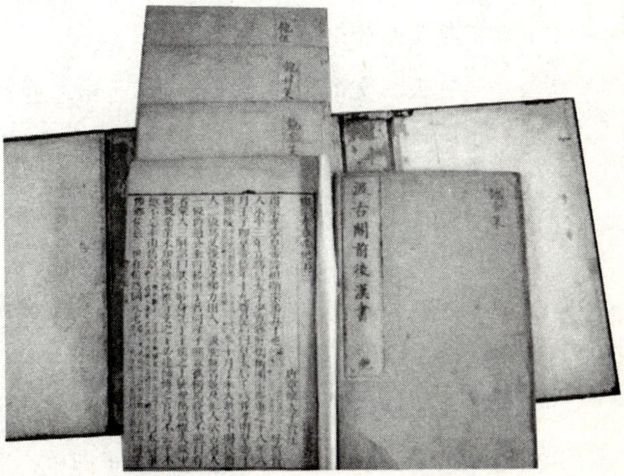

范晔，字蔚宗，顺阳人，出身于一个士族家庭。他的祖父范宁、父亲范泰都是大官，又是学问很深、论著颇丰的学者，所以范晔有很深的家学渊源。他一直以名门之后自居，生性孤傲，不拘小节，无论是做官还是写书，他都不甘居于人后。

水能载舟，亦能覆舟，范晔以孤傲成名，也因孤傲丧身。

元嘉九年，范晔在为彭城太妃治丧期间，因为孤傲，行为有失检点，从而得罪了司徒刘义康，被贬为宣城太守。范晔在宣城郁郁不得志，就借助修史来寄托他的志向，开始写作《后汉书》。直到元嘉二十二年，也就是十三年之后，当他完成了本纪、列传的写作，同时又和谢俨共同完成《礼乐志》、《舆服志》、《五行志》、《天文志》、《州郡志》五志的时候，竟又有人告发他参与了刘义康的篡位阴谋。于是，孤傲一世的范晔因此下狱而死。而谢俨怕受牵连，立刻毁掉了手中的书稿。这样，《后汉书》就只有纪传部分流传了下来，五志已经失传了。

在范晔写《后汉书》之前，已问世的有关东汉历史的重要著作不下十部。范晔吸取其他各书的长处，删繁补缺，完整故事，超越了众家的史书，后来居上。到了唐代，《后汉书》与《史记》、《汉书》并称“三史”，盛行于世。后世文人更把“三史”加上《三国志》并称为“前四史”，作为我国史书的典范。

私人可以铸钱的时代

邓通是汉文帝的嬖臣，他专会拍马屁，阿谀奉承以取媚于汉文帝，时常能把文帝捧得云里雾里的。

一天，文帝叫一个看相的术士给邓通看相。相士直言不讳地对文帝说：“邓大夫以后会因贫困而饿死。”文帝听后大不高兴，愤愤地对邓通说：“朕要想让你富，有何难哉?”说完即下了一道诏书，把蜀郡严道县的铜山赐给邓通，并允许他铸钱。

邓通从此富可敌国。邓通既蒙文帝宠爱，感激涕零。一天，文帝的痔疮突然发作，邓通竟然给文帝吮疮。

邓通这样恶心地取媚于皇帝，不但朝中大臣看不下去，就是太子也对他大为不满。几年后文帝死，太子即位，这就是汉景帝。景帝一即位，首先便把邓通革职，追夺铜山，并没收他的所有家产。可怜富逾王侯的邓通，后来竟与乞丐一样，身无分文，最后竟应了那个相士的话，饿死街头。

这是历史上一个真实的故事，也许有的读者对汉代私人居然能够铸钱大为吃惊。其实，在汉代初期，一般的“诸侯王国”的诸侯都有钱币的铸造权。因为那时中央集权的程度并不很强。直到后来，封建帝王加强了中央集权，钱币铸造权才被牢牢地控制在帝王手里。

小半两铜钱

伟大的佛陀

约在公元前五百年，释迦牟尼佛降诞在印度的迦毗罗卫国。他的父亲净饭王，是迦毗罗卫国的国王，母亲摩耶夫人，是位贤能的王妃。

在四月八日，释迦牟尼出生在蓝毗尼花园。据说当时天空泻下两条银链似的净水，地上涌出金盆来给他沐浴。释迦牟尼方出生即能行走七步，每一步的脚下都有一朵莲花，并且一手指天，一手指地，说道：“这是我在人间最后的受生，我是为了成就佛陀，才出生在人间的，我要觉证宇宙人生的真理，我要广度救济一切众生。”

太子出生后七日，母亲就去世了，姨母波波提养育他，跋陀罗尼教养他。人民在政治上和生活上待遇的不平等，众生之间的弱肉强食，世界到处都是纷争；生命的短暂，生老病死的痛苦……太子坐在菩提树下思考这些问题。他走出皇城的四门，看见了生老病死诸般苦相，于是，就有了遁世之志。

释迦牟尼像

“我的四大愿望是：第一，人生要没有衰老的现象；

第二，没有疾病的痛苦；第三，没有死亡的恐怖；第四，所有东西不损不灭。”

太子开始访问阿罗蓝仙人等九十六位外道学者，但都不能满足他所求所学的志愿，便决意自己去修行。他云游参访了六年，在雪山苦行了六年，甚至苦行到了每日只吃一粒芝麻一粒麦的程度，但他的修道都不能开悟。

三十岁的那年，他到尼连禅河洗去身上的垢秽，接受牧女难陀波罗的供养后，就到伽耶山菩提树下金刚座上，闭目冥思。经二十一日，于二月初八，夜睹明星，恍然大悟，成为无上正等正觉的佛陀。

佛法初传

佛教传入中国的情形，有各种不同的史料记载。

有的说秦始皇时，有僧家室利房等十八人携带佛经来到咸阳城，却遭到拘捕下狱的不幸命运。

有的说汉武帝派霍去病攻打西域，曾掳获一樽金人并

佛法初传图

带回了汉土，武帝将其供奉在甘泉宫，当时以为金人就是佛像。

也有的提到，汉哀帝元寿元年（公元前2年），博士弟子景卢曾接受大月氏王的使者伊存口授佛经。

以上这些说法，都是佛教初传时期的传闻。

在各种传说中，以东汉明帝夜梦金人的故事最为人津津乐道。永平十年，明帝梦见一位金人，身长六丈，相貌庄重，浑身金光灿灿，在金銮殿的上空飞翔。梦醒之后，明帝遍问群臣，所梦金人到底是什么神，太使傅毅答道："臣听说《周书异记》中有一段记载：周昭王即位二十四年甲寅岁四月初八平旦时分，所有江河泉池忽然泛升高涨，四处的井水也溢出来，狂风大作，宫殿、房舍、山川、大地也都震动起来。到了夜晚，有五色光芒入贯太微，在西方遍布成青红色。当时，昭王问太使苏由：'这是什么祥瑞？'苏由答道：'西方有大圣人诞生。'昭王问：'对天下有何影响？'苏由答道：'此时没有，一千年后声教波及此土。'于是昭王派人把这件事情镌刻在石头上，埋在南郊的天祠前。如果以年代计算，刚好就是当今之时，陛下所梦的金人，想必就是佛陀无疑。"由于这个原因，明帝便派遣使者秦景、王遵等十八人西行到印度求佛法。

释迦牟尼出山图

传说，秦始皇和汉武帝都曾经派人向东方蓬莱仙岛求取不死的仙药。自秦始皇之后，几乎所有的皇帝都迷信巫术，希望长生不死。为了达到目的，不断派遣专使向东方求仙，却始终不能如愿。皇帝们求长生不成，敬鬼神不灵，靠巫术也屡出差错，派人出海到东方求仙药又一去不回，于是转而经由西域这条通路向西方求佛。奉命出使西域的王遵等人路过大月氏国，遇到了迦摄摩腾与竺法兰两位高僧，这是历史上空前的际遇。可以说，汉明帝一梦促成了中国向西方求取佛法而开通西域的现实需要，在中国展开了佛教历史的第一页。

观音菩萨本是男身

观音信仰源自于佛教，而观世音的形象则在中国民间经历了长期的演变。

观音，又称“观世音”、“观自在”，是中国化佛教信仰的重要的菩萨之一。民间对她的崇拜极盛，老百姓称她为“大慈大悲救苦救难观世音菩萨”。唐代，因避唐太宗李世民讳，将观世音菩萨之“世”字免去，改称“观音菩萨”。

观音菩萨像

元代以前，由印度等地传入的观世音菩萨像皆为男性。元代初年，大画家赵孟頫的夫人管道升最早用“水墨”的方法画了一幅女性的观音像，因为她慈悲若女子，并撰写了《观音成道记》一书。

书中说，观音是天竺国妙庄王的第三女，名叫妙善，生而素食，长而事佛，矢志不嫁。于是，父王就让妙善去做十件难做的事情，例如用竹箩挑水满一水池，一晚要织成一百匹布等，不能完成便要嫁人。

妙善完成不了，就诚心向天祷告，感动得天上诸神齐下凡间，帮助妙善去完成任务。结果十件难事都依限完成。

后来妙善为太白星君度之成道，成道后妙善又度父母姐妹一家人皆修成正果。

从这个故事里我们明显能看出中国本土宗教道教对佛教的改造和影响。道教称观世音菩萨为“洞天帝主圆通自在天尊”。在宋代道教成为统治者支持的宗教，宣和元年，皇帝下诏，把佛祖改称为“大觉金仙”，罗汉改为“尊者”，观世音改称为“观音大士”，并入了道教。

观世音菩萨曾立誓度尽天下众生，众生得度后，自己最后一个得道，所以数千百年以来，仍称“观世音菩萨”而不称“佛”。

中国式佛像的由来

佛教是西来的宗教，但是对佛教有所了解的人都知道，中国的佛教有很强烈的本土化色彩。也就是说，中国的佛教已经不是完全意义上的印度宗教，而是融合了中国文化在内的中国宗教了。其中最直观也最明显的例证，就是中国的佛像雕刻已经与印度的佛像雕刻相差很多。

可以说，中国的佛像基本上是中国人的相貌，而不再是印度人种的样子了。

那么，这种改变是从什么时候开始的呢？

在东晋时代有一位名画家叫戴逵，字安道。他是南渡的北方士族，晚年长期住在会稽一带。除画画外，他又善于弹琴，而他最擅长的，则是雕刻和铸造佛像。他也因此名传大江南北。

他曾经造过一个一丈六尺高的无量寿佛木像和一个菩萨像。

佛和菩萨都不像中国人，这一点让他很不舒服。因为中国和印度的审美观不同，在印度看来

释迦牟尼像

北京智化寺大佛

非常漂亮的佛像，在中国人眼里可能很不好看（当时的观音菩萨还是长着胡子的呢）为什么不能让佛看上去更庄严、让菩萨看上去更慈悲呢？又怎么能达到这样的效果呢？

他终于想到了一个好主意，他把佛像放入了一个寺院的大殿里，自己却偷偷地坐在佛像旁的帷帐中，倾听前来拜佛的群众的议论。根据大家的褒贬，加以研究，晚上再偷偷地把佛像改上一点点。

就这样，一连三年，佛像终于在不知不觉中脱胎换骨了。前来拜佛的老百姓无不赞不绝口，再没有一个人说出什么有关美丑之类的话了。就这样，戴逵成为中国式佛像的首创者。

不但如此，戴逵还创造了夹漆像的做法。他把漆工艺的技术运用到雕塑方面，是今天仍流行的脱胎漆器的创始人。

老子的传说和现实

据传，被道教奉为“太上老君”的老子是彭祖的后裔。在商朝，他寄胎于玄妙王之女理氏腹中。

一天，理氏在村头的河边洗衣服，忽见上游飘下一个黄澄澄的李子。理氏忙用树枝将这个拳头大小的黄李子捞了上来。到了中午，理氏又热又渴，便将这个李子吃了下去。从此，理氏怀了身孕。

理氏怀了八十一年的胎，生下一个男孩。这男孩一生下就白眉白发，白白的大络腮胡子。因此，理氏给他取的名子叫“老子”。老子生下来就会说话，他指着院子中的一棵李子树，说：“李就是我的姓。”

老子有着满腹学问，至于活了多少岁谁也说不清。只知道两百年后，被广纳贤才的周文王请到朝中，委以西伯之职，主管国家存藏的竹简（相当于国家图书馆）。

武王继位后，老子负责记录朝廷朝政议论。当时等级森严，除武王可扶几而坐外，朝臣们只能无依无靠地席地而坐。然而，老子却被特封为“柱下吏”，可依柱而坐，记录政事。

成王执政的时候，曾派老子出使西极大秦、竺乾等国。他到处讲学，颂扬周德。这位仙风道骨的长者，学识渊博，令人钦敬，所以，各国的君主朝臣都尊称他为“古先生”。轮到昭王执政，老子侍周已近百年。料知将要干戈四起的老子，再也忍受不了这尔虞我诈的争斗，于是，他辞去朝官，骑了头青牛，西出函谷关，去昆仑山隐居修行。

老子像

老子经过函谷关时，函谷关关令尹喜知道他即将隐去，便请老子著书。于是，老子写下了五千字，也是他留给后人惟一的著作《老子》。

这当然都是神话，老子虽然在中国历史上具有很大的影响力，但可惜有关他的平生事迹已难详考，就连他确切的生卒年月也未曾留下。

司马迁在《史记》里为他作传的时候，已经搞不大清楚，只是列举了可能与老子有关的几个传说人物，算是“以疑传疑”。最后只好这样写道：“老子，隐君子也。”我们只知道老子姓李，名耳，字聃。他是楚国苦县（今河南鹿邑县）的人，也有说他是陈国人。苦县原属陈国，后来楚兵灭陈，就成了楚国的地方了。后来的人都尊称他为老子，“老”是年高德重的意思，“子”在古代是对男子的美称。

老子在道教中的地位非常高，唐代皇帝曾尊封老子为“太上玄元皇帝”，宋代加号称“太上老君混元上德皇帝”。道教尊老子为祖师，称为“太上老君”，又为三清中的道德天尊。在《西游记》里，诸天神佛全不是孙大圣的对手，只有太上老君用金钢琢才能收服他，也可见太上老君的神通广大了。

五斗米道

我们知道，在中世纪，西方普遍实行的是政教合一的政权，那么，中国历史上有没有政教合一的时代呢？

应该说，在地方割据严重的时代，这种政教合一也是有的。

东汉末年，五斗米道的教主张鲁占据了汉中地方，在那里建立了一个政教合一的政权。由于东汉政府无力征讨，就任命张鲁为镇南中郎将，任汉宁太守。于是，张鲁遂以政权、教权首领的双重身份，在巴、汉地区大力推行五斗米道。在那里，没有汉王朝设的各级官员，而以五斗米道各级首领管理政务和教务。入道的群众最早叫“鬼卒”；入道已久并笃信其教的，称为“祭酒”，统辖教民；再高一层的叫“治头大祭酒”。张鲁则自号“师君”，是五斗米道的最高首领。他教人民诚信不欺诈，特设“静室”，宣称有病的人去静室里“思过修善”，病就可以不治而愈，还专门设立了“鬼吏”为病人祷告。

这五斗米道是怎么样的一个来历呢？

五斗米道是早期道教派别之一。创始人张陵（34年～156年），沛国丰（今江苏丰县）人。东汉顺帝时入蜀，在鹤鸣山（今成都市大邑县境）学道，并造作道书（或称符书），说自己是“天人下降”，特地来给百姓们传授“正一盟威之道”，以为人治病为名开始传教。因人道者需交纳信米五斗，故俗称“五斗米道”。又因创教之初，曾受巴蜀少数民族原始宗教的影响，巫术色彩浓厚，时人或称“米巫”。又因为教民曾反抗官府，当时被官方称为“米贼”。

五斗米道祖师张陵金身塑像

五斗米道的创立既有燕齐滨海地域神仙文化的内容，也有西南少数民族的巫教成分。

张陵死后，其子张衡继续传道。衡殁，孙张鲁继之。祖孙三代，世人称为“三张”，道内则称“三师”：称张陵“天师”，称张衡“嗣师”，称张鲁“系师”。

张鲁当政时，在治内设立“义舍”，置米肉以供行人免费取食，以及实施宽刑、禁酒等利民措施，史称“民夷便乐之”。因而在汉末天下大乱之际，张鲁统治的巴、汉成为比较安定的地区。

张鲁在汉中实行政教合一制度，雄踞巴汉近三十年。至建安二十年（215年），曹操攻汉中，张鲁降曹，而五斗米道也随之传往北方中原地区。在晋统一之后，它又向东南沿海传播，从而遍及全国。大书法家王羲之父子，就曾加入五斗米道。

历史上的王重阳

在金庸先生的《射雕》三部曲中，有一个始终没有出现的人物，但却给了我们极深的印象。在故事开始时，他已经死去多时，但他始终是全书中武功最高的人。他武功天下第一，不但宅心仁厚，以武为善；而且心热如火。对国家、对民族的热情使他丝毫不顾一己之私。这就是号称“中神通”的王重阳。

那么，在历史上，王重阳到底是一个什么样的人物呢？

王重阳，原名中孚，字允卿，宋徽宗正和六年（1112年）十二月二十二日出生于陕西咸阳大魏村的一个富裕人家。少年时，王重阳勤奋攻读儒家经典，企图科举仕进。但后来发现，在因宋、金两国交战而兵荒马乱的岁月里，靠科举夺取功名是没有什么出路的。于是，王重阳转而习武，笔墨纸砚换成了刀枪棍棒，功夫不负有心人，后来他终于考取了刘豫所建的“大齐”国武举，名中甲科，号称“天下第一”(可见金庸所写并非空穴来风)。

“大齐”刘豫政权本是金朝的傀儡，金朝人主中原后，政局稍微趋于稳定，便废掉了“大齐”取而代之。王重阳十年磨一剑，却不料只被派到一个小村庄当了一名收酒税的小官吏。他一气之下，愤然放弃官职，回到了家乡。王重阳在仕途无望的痛苦生活中，最终选择了道教。

王重阳像

王重阳自称在四十八岁时在甘河镇的一家酒铺中遇到了隐士，隐士“密咐口诀，又饮以神水”，并传授给他许多仙道修炼的秘术。王重阳称这次奇遇为“甘河遇仙”，并说授经的隐士就是吕洞宾、汉钟离的化身。

王重阳自此弃家当了道士，自号重阳子。其行为举止也开始变得异于常人。金世宗大定元年（1161年），王重阳将家产分给了亲友乡邻，隐居到终南县的南时村，他在村里挖了一个深四米的洞穴，称做“活死人墓”，自号“王害风”，佯狂装疯。整天在洞中坐禅深思，希望建立一种新型的教派。

王重阳在钻研道学的同时，也开始和僧侣，尤其是禅僧们密切交往。可以说，他对儒、道、释三家的理论都有所研究。经过艰苦的修行思索，他在道教形成近一千多年以后，于金世宗大定七年（1167 年）在山东宁海的全真庵，提出了儒道释三教同源论，创立了独具特色的道教派别——全真道。

1167 年，王重阳离开陕西云游到山东半岛，他劝说当地富户马钰出资修庙，起名为“全真庵”，站稳了脚根，便进行传教活动。此后，他的三教同源的主张渐渐有了影响，受到了一些人的重视和拥护。王重阳从此开始广收弟子，致力传教活动，其中最为有名的是号称“北七真”的七位高徒。

全真道创立之前，道士是不出家的，过着与一般人无二的生活。而王重阳从佛教中借鉴了许多东西，使得全真道和以往的道派产生了明显的区别。全真道要求道士出家住宫观，不娶妻室，不茹荤腥，主张清修炼养，并在宫观中制定了许多清规戒律，以约束出家道士的生活，集中精力修养。

全真道是宋元新道派中最大也是最重要的一派。元以后，与正一道作为两大道派延续至今。

长春真人丘处机

丘处机，亦作邱处机，字通密，道号长春子。生于金熙宗皇统八年(1148 年)，山东登州栖霞县人，死于 1227 年。

丘处机十九岁出家，次年拜王重阳为师，成为王重阳七位高徒之一，曾在陕西和龙门苦修达十三年。穴居、乞食、日携一蓑衣，人称“蓑衣先生”。

金大定十年（1170 年）正月初四，王重阳病逝于汴梁。其时，丘处机同马钰、谭处端、刘处玄追随左右。师傅死后，他们决定分散传授，以扩大全真道的影响。在他的努力之下，全真道在十余年的时间内就风行全国，影响卓著。丘处机名播教坛的功绩离不开统治者的庇护。最初，他依附于金朝皇帝金世宗，为世宗祈寿，为全国祈福，受到金廷的优待。

其后，蒙古帝国崛起于漠北，挺进中原，全真道兴盛的山东成了宋、蒙、金三国的势力交汇点。丘处机作为频繁活动于山东的全真道教主之一，自然成了各派势力争取的对象。在三方势力难分胜负之际，他巧妙地采取若即若离的态度，静观事变。

1217年底，蒙古大汗铁木真（成吉思汗）为求治国之道及长生不老之法，派人专程到山东强请丘处机西行，丘处机权衡利弊，觉得无论从全真道的发展，还是为中原的百姓，蒙古之行都是有利无害的。于是，在1220年正月十八，已七十五岁高龄的丘处机带领弟子尹志平、宋德方、李志常等十八人，历时两年，走完了万里之途，终于到达西域雪山与成吉思汗会面。两人进行了多次晤谈，丘处机告诫成吉思汗，修身养性的要旨在于“内固精神”、“外修阴德”。说服了大汗克制各种欲望，禁止杀掠，并且结合中原情况，提出了许多具体的治国安民的良策，这些建议得到成吉思汗的赞赏，特赐丘处机“神仙”称号，封爵大宗师。丘处机在西域受到了空前的优待。停留一年之后，他以年事已高、思乡恋土为由，多次提出东归中原之意。成吉思汗百般挽留，见丘处机去意坚决，遂于1223年放行。他的弟子李志常特地写了《长春真人西游记》一书。

长春真人丘处机像

丘处机回到中原后，住持燕京天长观继续传道，由一方教主而位尊万乘国师，全真道因他之故极盛一时。元太祖十九年（1224年），太祖赐虎符、玺书，命其掌管天下道教，诏免道院及道众一切赋税差役。丘处机借帝王的隆威，广度道徒，大建宫观，将创立不久的全真道推向了鼎盛时期。

丘处机开创了全真教的龙门派。其座下十八弟子为：赵道坚、宋道安、尹志平、孙志坚、夏志诚、宋德芳、王志坦、于志可、张志素、鞠志国、李志常、郑志修、綦志远、孟志温、綦志清、何志坚、杨志清、潘德冲。其中，尹志平继承丘处机为全真道掌门，并发展了他的思想与事业。

宗教中的玉皇大帝

《西游记》中的玉皇大帝，虽然是上天的统治者，却被孙大圣这只猴子打得心惊肉跳。这自然是《西游记》的作者对当时统治阶级的辛辣讽刺。

但是，作者总不能把民俗传说和道教教义完全置之不理，所以最终还是让如来佛出面降伏了“妖猴”，并借如来之口，对玉帝的尊严作了维护。在孙大圣提出要坐几年

玉皇大帝像

天宫时，佛祖听言，呵呵冷笑道："你那厮乃是个猴子成精，焉敢欺心，要夺玉皇上帝尊位？他自幼修持，苦历过一千七百五十劫。每劫该十二万九千六百年。你算，他该多少年数，方能享受此无极大道？你那个初世为人的畜生，如何出此大言……"

玉皇大帝简称玉帝，道经中全称做"昊天金阙无上至尊自然妙有弥罗至尊玉皇上帝"。他被道教尊为最崇高的神，也在世人的心目中有非常高的地位。

据道经记载：玉皇大帝是昊天界上光明妙乐国王与宝月光皇后所生的儿子。出生之时，满身的宝光火焰，全国都可以看得到。他从小就很敏慧，长大了又非常仁慈，将国库中所藏财宝都施舍给穷乏困苦、鳏寡孤独的众生。在国王驾崩后，他登上王位，治政有方，但他还不满足已有的成绩，于是舍弃了国王之位，去普明香岩山修道，经无数劫，始证金仙，最初叫"自然觉皇"。又过了亿劫，才得了"玉帝"地位。

玉皇大帝，犹如人间的皇帝，上掌三十六天，下握七十二地，掌管一切神、佛、仙、圣和人间、地府之事。玉皇有制命九天、征召四海五岳之神的权力。万神都列班随侍其左右，犹如人世间的皇帝和公卿。天地万物、阴阳造化无不在玉皇大帝掌握之中。

玉帝住在金阙云宫灵霄宝殿，由三十三座天宫、七十二重宝殿组成，手下十代冥王管人间生死；四海龙王管天气变化；九曜星、五方将、二十八宿、四大天王等等神勇盖世；太白金星、二郎真君、五方五老各路神仙，个个法力无边；而且有西天如来佛祖暗中保护。玉帝大慈大悲，也是普救众生的大救星。

玉皇大帝神诞之日为正月初九。道教宫观要举行金仪，称"玉皇会"。

雷公

雷公就是雷祖，是道教的九天应元雷声普化天尊，他是浮黎元始天尊第九子玉清真王的化身。也有说是轩辕黄帝升仙以后成为雷精，主雷雨之神。

据说，雷祖居于神霄玉府，在碧霄梵气之中，离雷城有二千三百里。雷城是天庭行雷之所，高八十一丈，左有玉枢五雷使院，右有玉府五雷使院。天尊前有雷鼓三十六面，行雷之时，雷祖击鼓一下，即时雷公雷师兴发雷声。雷部有神三十六名，都是当时辅相有功之臣。

在明代小说《封神演义》里，商朝的太师闻仲死后被封为九天应元雷声普化天尊，其率领之雷部催云助雨护法天君共有二十四名。其中有律令大神邓忠元帅，银牙耀目辛环天君，飞捷报应张节使者，左伐魔使苟章元帅，右伐魔使毕环元帅等天将。在《封神演义》中，他们都是闻仲的部下，都在武王伐纣的战争中丧命。

因为雷是最有威慑力的自然现象，所以对雷公、雷神的崇拜，古已有之。但是，在神系中设置雷部，并由九天应元雷声普化天尊主其事当是北宋末年的事。北宋时期，道教神霄、清微诸派，崇尚施行雷法。于是，雷之功能不仅在于施雨，而且扩大到了“主天之祸福，持物之权衡，掌物掌人，司生司杀”。

雷公像

历史上的“八仙”

提到“八仙过海，各显神通”，在中国真可以说是家喻户晓。八仙是民间所喜爱的仙人。那么，八仙在历史上是否实有其人？

“八仙”一词，比铁拐李等八仙的出现要早得多。最早在汉魏六朝时，就已经有了“八仙”一词，原是指魏

晋以来神仙家所幻想的一组仙人，与铁拐李等八仙还没有直接的关系。现在公认的铁拐李等八仙，大约形成于元代，但人物不尽相同。至明代吴元泰作《八仙出处东游记》，铁拐李、汉钟离、蓝采和、张果老、何仙姑、吕洞宾、韩湘子、曹国舅这八仙过海的故事日渐流传，八仙人物也在流传中稳定下来，到明朝中叶才确定下来。

八仙人物出处不一，时代不同。最初见于史籍且确有其人的是初盛唐时道术之士张果。

五代宋初，关于吕洞宾的仙话传说，流传甚盛，与道教内丹修炼法的传播相煽助，两宋之际即盛传“钟吕金丹道”。

八仙图

金元时全真道教兴起，为回应民间信仰及传说以宣扬其教法，将汉钟离、吕洞宾等推为北五祖。民间传说、杂剧戏谈等便与道教神仙相互演变，八仙故事流传愈广，内容愈丰富。

还有人说，“八仙”既不是神，也不是仙，而是八个享有盛名的民间艺人。

张果老是唐武则天时鼎鼎有名的说唱表演家，唐玄宗曾经把他召到京师演出种种法术。汉钟离，善渔鼓，是我国演唱道情的鼻祖。韩湘子擅长吹箫。曹国舅据说是一个屡试不第的秀才，后来沦落为专替民间婚丧喜庆行礼的书生。铁拐李是云游四方的艺人。吕洞宾在唐会昌年间两举进士不第，浪游江湖，是个善于编写说唱词的艺术家。蓝采和，常穿破蓝衫，手持大拍板，周游天下，元杂剧称他是个优秀的戏剧演员。何仙姑，据说是从宫廷逃出的歌伎名伶。八个艺人，都有高超的技艺，故被誉为“八仙”。当然，这只是一种说法。

八仙的著名故事

八仙除了“八仙过海”的故事，还各有一套自身得道的故事，也都非常有名，流传得非常广泛。

汉钟离，原复姓钟离，名权，字寂道，号和谷子，又号正阳子，燕台人。全真道派尊其为“正阳祖师”，“北五祖”之一。初生时，异光数丈，状若烈火。生下后不哭不食，第七日跃然而起，说：“身游紫府，名书玉京。”长大之后，当了谏议大夫，奉诏北征失利，军士尽散。钟离权单人独骑奔谷迷道，遇见了一个叫王玄甫的神仙，被授以长生真诀、金丹火候诀及青龙剑法而成仙。到唐代，度化吕洞宾之后，升天而去，被封为“太极左宫真人”。

吕洞宾，号纯阳子。由于道教全真道派奉他为“纯阳祖师”，故世称“吕祖”。他出生在林檎树下，出生时异香满径。幼时极其聪明，日诵万言。长大后两举进士不第，后来在赶考途中，遇汉钟离，汉钟离给了吕洞宾一个枕头，吕洞宾枕着它做了一个梦。梦中举进士，登科第，当高官，入台阁，富贵荣华了三十年。又被皇帝降罪谪官，走到半路，风雪大作，正在叹息之时，忽然梦醒了。入睡前所煮黄粱米饭尚未煮熟，这就是世人说的“黄粱一梦”。吕洞宾大悟，便随汉钟离赴终南山鹤岭修道成仙。

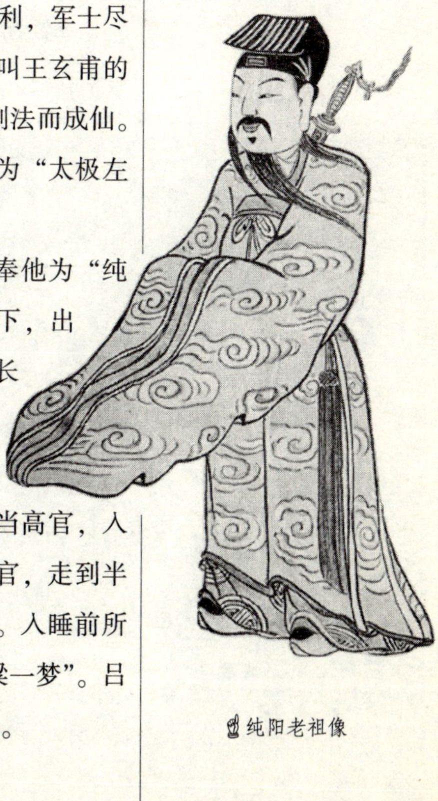

纯阳老祖像

张果老，名果，唐代道士。曾隐于中条山修道。他自称生于尧时，已经不知道有多大的年岁了。张果老常常骑着一头白驴，日行数万里。在休息的时候，就把驴叠起来，就像一张纸一样，放到巾箱之中。要乘骑的时候，则以水湿之，纸就又变成了白驴。

韩湘子，名湘，字清夫，是韩愈的侄孙。韩湘子自幼学道，追随吕纯阳，后来爬上一棵桃树，坠树而死，尸解登仙。韩愈官拜刑部侍郎时，宾客盈门。韩湘子劝韩愈弃官学道。韩愈则劝韩湘子弃道从学。韩湘子就用一个一寸大小的葫芦，给所有的宾客斟酒，数斗不竭。又变出了两朵金花，花上有金字对联："云横秦岭家何在，雪拥蓝关马不前。"后来，韩愈因为上表谏迎佛骨，被皇帝贬谪潮州，在路过蓝关的时候，天降大雪，几乎困死。韩湘子冒雪而来，韩愈嗟叹韩湘子预言之灵验。

李铁拐，相传名叫李凝阳，或名洪水，小字拐儿，自号李孔目。李铁拐应太上老君之约，魂游华山。临行，嘱

八仙过海浮雕

咐其徒守其躯壳七日。无奈其徒之母突患急病而欲速归，就在第六日把李铁拐的身体烧了。李凝阳第七天回来时，无身可依，即附于一饿殍之尸，所以他的形象丑陋而跛右脚。

曹国舅，名景休，徐州人。宋仁宗曹皇后之弟，故称国舅。他隐于山林，葛巾野服，矢志修真。经钟离权与吕洞宾之度化，曹国舅得真密旨而修道成真，并由吕洞宾引入仙班。

蓝采和，唐代的隐士。常衣破蓝衫，只有一只脚穿着靴子，夏天则披絮，冬天则卧雪，全身上下气出如蒸。蓝采和常于城市乞讨，手持大拍板长三尺余，似醉非醉，踏歌而行，唱道："踏歌蓝采和，世界能几何。红颜一春树，流年一掷梭。"后得汉钟离度化，乘云而去。

何仙姑是八仙之中惟一的女仙，名琼，永州零陵人。十三岁时，入山采茶，遇吕洞宾，教给她吃云母粉能成仙的方法。何仙姑于是发誓不嫁，每天在山谷中轻身飞行。每日早晨出去，晚上持山果回来养活老母，后来也尸解仙去。

历代三套"八仙"

中国历代最少有三套"八仙"，最早的是六朝时代的"蜀之八仙"，即容成公、李耳、董仲舒、张道陵、庄君平、李八百、范长生、尔朱先生等八人。道教传说他们均在蜀中得道成仙。谯秀的《蜀记》一书中，把他们称为"蜀之八仙"。

在唐代，有八位在名义上因共同好酒而成挚友的士大夫，是指李白、贺知章、李适之、汝阳王进、崔宗之、苏晋、张旭、焦遂。《新唐书》中称他们为"酒八仙人"。他们的酒友诗谊已成为千古佳话。杜甫《饮中八仙歌》更是脍炙人口，其中写李白的"李白一斗诗百篇，长安市上酒家眠。天子呼来不上船，自称臣是酒中仙"更是绝伦千古。

直到明朝中叶，我们所熟悉的"八仙"才正式确定下来，这就是古代神话传说中的八位神仙即铁拐李、汉钟离、张果老、何仙姑、蓝采和、吕洞宾、韩湘子、曹国舅。

冥司神灵——十殿阎王

阎王，即阎罗王，或称阎罗大王，也称阎魔王。

阎魔是梵语的音译。阎王原是古印度神话中阴间的主宰，有兄妹双王之说，兄治男魂，妹治女魂。以阎王作为阴间的主宰，掌管地狱轮回的佛教理论，大约在南北朝时传入中国。

地府第二殿

有的佛经里还说，阎魔王因前世恶业，每日夜三时，王宫变为铁城，狱卒把他放置在热铁上，从嘴里灌入铜汁，使其全身滚烫。他心里想：“我过去做了那么多恶事，才受此苦。愿我从今能舍己身，信如来法，剃发出家。”刚想到这里，所居宫殿，立刻变得像天宫一样。

原来阎王只有一人，其僚佐有十八人。唐代时，就有天帝册封阎罗王，并由其统率五岳卫兵之说，后人把地狱分为十殿，十殿均有主，称“地府十王”。十王各有名号，合称“十殿阎王”。这大概也是受了民间神怪小说的影响。

第一殿秦广王，专司人间寿夭生死，统管吉凶。第二殿楚江王，专司活大地狱，即寒冰地狱。第三殿宋帝王，专司黑绳大地狱。第四殿五官王，专司合大地狱，即血池地狱。第五殿阎罗王，专司叫唤大地狱。第六殿卞城王，专司大叫唤大地狱及枉死城。第七殿泰山王，专司热闹地狱，即肉酱地狱。第八殿都市王，专司热闹大地狱，即闷锅地狱。第九殿平等王，专司铁网阿鼻地狱。第十殿转轮王，专司各殿解到鬼魂，区别善恶，核定等级，发往投生。投生时，始载胎卵湿化，男女寿夭，富贵贫贱，并于每月汇知第一殿秦广王处注册。凡发往投生者，均由孟婆神灌饮迷魂汤，使其忘记前生之事。

明清以来，十殿阎王之说盛行，以致有替代道教原有的东岳大帝主宰生死之势。但是民间少有专门奉祀十殿阎王的庙观，都是在当地城隍庙内设阎王殿，奉祀十殿阎王。

中华的母亲神——妈祖

妈祖是中国东南沿海和海外华人供奉的海洋保护神，又称天妃、天后、天妃娘娘、天上圣母等等。到现在，她还是广大海外华人华侨归来寻根时必拜的“母亲神”，信徒人数之多，香火之旺，都是很令人震惊的。

那么，妈祖的历史原型是谁呢？她又为什么如此地被华夏子孙深深地爱戴呢？

据道教的说法，妈祖是一位曾被太上老君封为“辅斗昭孝纯正灵应孚济护国庇民妙灵昭应弘仁普济天妃”的神灵。有关妈祖的记载，从北宋就有了。妈祖原是都巡检林愿之女，叫做林默娘。她生于宋太祖建隆元年（960年），殁于宋太宗雍熙四年（987年），享年二十八岁。

林默娘出生时，红光满室，异气氤氲。奇怪的是，她从出生一直到满月，一次都没有哭过，所以，家人给她起名叫“默娘”。林默娘八岁就上私塾读书，她非常喜烧香礼佛，据说，十三岁就得到了“道典秘法”。到了十六岁的时候，有一次，她看见一口古井里红光闪现，便过去往井里一看，居然得到了一张灵符，从此，她就能站在布席上渡海救人。

她去世以后，人们都认为她是“升化”了，就是变成神仙了，都向她求福祈祷，而她有祷必应，非常灵验。

妈祖的影响在当时就非常大，仅宋朝的统治者就曾经先后九次敕封她。她的封号，在南宋光宗绍熙（1190年）由“夫人”进爵为“妃”，元世祖时又进爵为“天妃”，清康熙时再进爵为“天后”。至清嘉庆年间，妈祖的封号已经累积到二十八字。

妈祖的主要神迹是救济海上遇难的人民。据说，千里眼和顺风耳就是妈祖的随从，她能解救人于千里之外。妈祖常穿朱衣，乘云驾雾地在岛屿之间走动。如果海风骤起，船舶遇难，只要口诵妈祖圣号，妈祖就会到场营救。后来，妈祖的职能更加扩大了。除了救海难，还说士农工商兵医等“但能起恭敬心，称吾名者，我即应时孚感，令得所愿遂心，所谋如意”。因此，民间也有把妈祖当送子娘娘供奉的。

在中国东南沿海各地多建有妈祖庙，其中以福建泉州莆田妈祖庙为祖庭。台湾省也有妈祖庙七十四座。

城隍庙与城隍

《太平广记》中有这样一个故事：唐代洪州司马王简易有一次得了暴病，梦见一个“鬼使”，自称丁郢，手执符牒，说是奉了城隍的神命来捉拿他。王简易只得随着这个鬼使者去见城隍神。城隍神命左右拿过簿书来查看了一遍，看完之后对王简易说：“你还有五年好活。”就把他又放回了尘世。在封建时代，一般的城市中，最为常见的庙宇就是夫子庙与城隍庙了。夫子庙是祭祀关公的，这我们都知道，可城隍是一个什么样的神灵呢？

在周代已经有城隍的名称，“隍”字的本意为护城河，“城隍”一词的古意就是护城之河。人民对保家卫国的城隍又敬又爱，就把祭祀城隍列入了祀典。

城隍庙

城隍正式被认为是一个“神”，这始于南北朝时代。隋唐以后，城隍崇拜逐渐流行。唐代的清泰年间，政府封城隍神为王爵。到了宋代，政府把祭祀城隍列入国家祀典，各府、州、县都立城隍庙奉祀。元代顺承宋代的旧典，也对祭祀城隍非常重视，元上都和元大都均建有城隍庙，元大都的城隍神还被封为“佑圣王”。在明代对城隍崇拜达到极盛。明太祖洪武二年（1369年）封京都城隍为“承天鉴国司民升福明灵王”；封开封、临濠、太平、和州、滁州的城隍为正一品，其余各府的城隍为正二品。城隍的庙宇遍天下。

据说，明太祖早年曾栖身于城隍庙中，当上皇帝之后，对土地城隍神特别崇敬，大行封赏。后来整顿祀典，更下令各地城隍如行政建制称呼，例如都城隍、府城隍、县城隍等。其庙宇建筑一如衙门。城隍衙门附设地狱、狱卒、犯人、刑具及十殿阎王、判官、黑白无常等，都塑得阴森可怖，以达到对人民劝善惩恶的目的。这种情况一直延续到清及民初。

由此可见，城隍首先是“亲民之神”，城隍神的职责主要是保护本城百姓，既有在冥冥之中保佑百姓安全、健康之职，又有监察和纠正阳世官员功过之责。代天理物，剪恶除凶，护国安邦，普降甘泽，判定生死，赐人福寿。凡民间有纠纷，就去拜城隍，于神像前立重誓、斩鸡头。唐时城隍神已兼理阴司冥籍。现在城隍庙中除了供奉主神城隍以外，还多供有判官和皂隶塑像，就是城隍神主理阴司冥籍的辅从。

明清两代府州县官员新上任，例必排仪仗前往拜祭城隍，以示今后要为官清正，否则遭神谴责。

明代定五月十一为都城隍圣诞日。不过，由于各地的城隍神多有功于民，例如苏州城隍神是春申君，上海的城隍是秦裕伯，他们的生日也并不一样。

保佑一方的土地佬儿

在《西游记》里，时常被孙大圣吓得要死的土地佬儿，给我们留下了很深的印象。我们觉得这个小神仙虽然保佑一方，可这个地面官儿当得也太辛苦了一些。其实，在中国古代，土地神是地位非常高的神灵呢。

土地庙内的画像

大地生长草木五谷，养育人类，所以被古代人视为有无穷力量的神灵。在古代，祭土地是上至王公贵族，下至小民百姓一年中的大事。

先秦时期社神地位极高，社神即土地神，古人尊天而亲地，为报答大地之恩赐而奉土祭社。“社稷”一词通常作为国家的代称，祭祀典礼也由天子或各地行政长官主持。

相传社神有两个：一是句龙，是共工氏之子；一是禹，传说他勤劳天下，死后托祀于后土之神。

东汉时，人们就已经把社神叫做“社公”或者“土地”了。东晋以后，社神的地位有所下降，随着封建国家从中央到基层的官僚制度的完善，土地神也演变成为只能管理本乡本土的最低级的小神，即由显赫的大神演变为明清小说中所描写的猥琐的土地佬儿了。

东晋以后，句龙等神已经慢慢被人们淡忘，民间就以生前行善或廉正的官吏为土地神。这样，土地神就有了人格及姓氏。明清时，民间又多以名人作为各方土地。例如清代翰林院及吏部所祀的土地，是唐代大文人韩愈。杭州太学一带是岳飞的故乡，于是太学就奉岳飞为土地神。现在的土地庙中常配祀有土地婆婆，这个风俗大约起于南宋。

供奉土地神的土地庙大多比较简陋。一些大庙中间也有在殿堂中设有当地土地神位者。土地神的神诞之日是二月初二。旧时，官府和百姓都要到土地庙烧香奉祀。

牛头配马面

佛教中的牛头马面

牛头马面是佛教地狱中的公差，让人上刀山下油锅什么的差事都是他们去做。

在佛教中，最初只有牛头一个。牛头又叫“阿傍”，其形为牛头人身，手持钢叉，力大无比，能排山倒海。阿傍在为人时，因不孝父母，死后在阴间为牛头人身，担任巡逻和搜捕逃跑罪人的衙役。

牛头随着佛教传入中国时，由于民间最讲对称、成双，才又配上了马面。

十洲三岛

《西游记》上有一个尽人皆知的故事：

孙行者保唐僧西行，路过万寿山五庄观，偷吃了人参果。又因为仙童无礼，孙行者一时发怒，把人参果树推倒。师徒连夜逃走，不料被镇元大仙捉回，要孙悟空医活仙树。

唐三藏问悟空道："你往何处去求方?"

行者道："古人云，方从海上来。我今要上东洋大海，遍游三岛十洲，访问仙翁圣老，求一个起死回生之法，管教医得他树活。"

蓬莱仙岛图

这"十洲三岛"是古人常说，我们常见的地名集合，但是它究竟指的是什么地方，从何时而起，就不是人人都知道的了。

原来，在战国时，神仙方士构造出海中三神山，名叫瀛洲、方丈、蓬莱。相传在渤海中，为仙人所居，有不死之药。

后来的道教将其发展为十洲三岛，即祖洲、瀛洲、玄洲、炎洲、长洲、元洲、流洲、生洲、凤麟洲、聚窟洲及昆仑、方丈、蓬莱三岛。

三岛中的瀛洲，在东洋大海中，地方四千里，上生神芝仙草，又有玉石高千丈，涌泉如酒味，称为“玉醴泉”，饮数升便醉，使人长生。但仙山在何处，谁也不知道，正如李白在《梦游天姥吟留别》里写道“海客谈瀛洲，烟涛微茫信难求”。

三岛之一的方丈，在东海，面五千里，为三天司命所治的地方。群仙想要升天的，往来这里，受太上玄生。上有九原丈人宫，主领天下水神及龙蛇、巨鲸、阴精水兽之辈。

三岛之一的蓬莱，位于东海的东北岸，方圆有五千里，是天帝总九天之维的地方，尊贵无比。据说，从前大禹治水后，就是在这里祭祀天神。

酆都鬼城与酆都大帝

中国人都知道，人死后要下地狱，再轮回，地狱就是酆都城。

奇怪的是，在世上竟真有一座酆都城。“酆都鬼城”名山风景区位于重庆下游长江北岸，傍江而立，郁郁葱葱。景区内亭阁飞檐，绿树掩映、神像森罗、曲径通幽，是长江三峡旅游线上文化内涵最丰富、传说最神奇的景区。每年慕名而来寻古探幽、觅奇览胜的中外游客上百万人。

这是怎么一回事呢？

原来，我国的道教认为，北方之癸地有一座罗酆山，是鬼魂所在之地。山高二千六百里，周围三万里，上下并有鬼神宫室。山上六宫是北酆之鬼王决断罪人之处。大概自从宋代开始，就有人说罗酆山就是四川的酆都县。

从那时起，大概是为了宗教和旅游考虑，人们在酆都地区长年累月地修建各种与地狱有关的建筑，从而使酆都真的成了中国有名的“鬼都”。

那古人为什么把传说中的罗酆山“放在”四川的酆都县呢？

☞北京北岳庙北帝君

原来，酆都县有一座平都山，是道教七十二福地之一。传说西汉王方平、东汉阴长生等曾在此修道成仙，白日飞升。后人误将王方平、阴长生之首字连读成为“阴王”，并作阴间之王解释，于是福地酆都县就被看成是阴曹地府了。

顺便说一句，在道教中，酆都的统治者是酆都大帝，他是阴间冥司主宰地狱的神灵，多称为“北帝君”，简称“北帝”。酆都大帝位居冥司神灵之最高位，主管冥司，是天下鬼魂的宗主。只要是生物，死后都要下地狱，鬼魂都隶属于酆都大帝管辖。在酆都大帝的庙内，设有七十五司，分别承担收捕、追逮鬼魂，关告鬼魂出入之职能。

文学歌舞

先秦的“文化下移”现象

《列子·汤问》记载了这样一个故事：

声乐家秦青的学生薛谭未完全学会老师的技能，便要辞行回家，于是秦青在郊外设宴为他饯行，并“抚节悲歌”。那歌声“声振林木”，令树叶婆娑，“响遏行云”，连飘动的云彩似乎也静止下来。

学生被老师的歌声深深地感动了，他真诚地向老师道歉，再也不提回家的事了。

长囟铜编钟

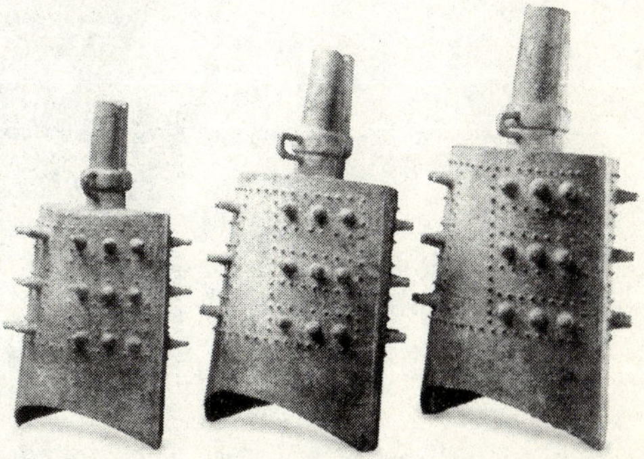

《列子·汤问》中另一个著名的故事，讲述的是韩国一名卖唱的女子名叫韩娥，以善于唱情歌著称于世。韩娥到齐国都城临淄时，卖唱求食，其歌声之美妙，虽人已离去，而“余音绕梁，三日不绝”。路过一家旅店，韩娥受人欺侮，遂曼声哀唱起来，当地“老幼悲啼涕泣”，有人居然“三日不食”。韩娥为了报答乡亲，随即唱起了悠扬欢快的歌，欢乐的气氛立刻弥漫了街巷。

无论是秦青还是韩娥，都是当时的民间音乐家。在先秦，“乐”本是属于上层的、贵族的、政府的，但春秋战国时期随着周王室的衰落，导致其“礼崩乐坏”。西周礼乐一统的宫学体制也土崩瓦解，取而代之的是私门之学的多元文化。“士”阶层的形成，源于王室文化人员下移列国民间，即“文化下移”现象。所以，就把上层的文化（包括音乐）下移到了民间。不单单是音乐，在别的方面也是如此，就像孔子开展的平民教育活动一样。

桃花源里可耕田

晋太元中，武陵人捕鱼为业，缘溪行，忘路之远近。忽逢桃花林，夹岸数百步，中无杂树，芳草鲜美，落英缤纷，渔人甚异之。复前

☞ 桃花源牌楼

行，欲穷其林。林尽水源，便得一山。山有小口，仿佛若有光，便舍船，从口入。初极狭，才通人；复行数十步，豁然开朗。土地平旷，屋舍俨然。有良田、美池、桑、竹之属，阡陌交通，鸡犬相闻。其中往来种作，男女衣着，悉如外人；黄发垂髫，并怡然自乐。见渔人，乃大惊，问所从来；具答之。便要还家，设酒杀鸡作食。村中闻有此人，咸来问讯。自云先世避秦时乱，率妻子邑人来此绝境，不复出焉；遂与外人间隔。问今是何世？乃不知有汉，无论魏晋。此人一一为具言所闻，皆叹惋。余人各复延至其家，皆出酒食。停数日，辞去。此中人语云："不足为外人道也。"

既出，得其船，便扶向路，处处志之。及郡下，诣太守，说如此。太守即遣人随其往，寻向所志，遂迷不复得路。南阳刘子骥，高尚士也，闻之，欣然规往，未果，寻病终。后遂无问津者。

这就是《桃花源记》——东晋大诗人陶渊明的千古名篇，它向世人展现了一幅美好的理想社会图景。在此，他极力描绘了一种宁静、美好的田园生活。

陶渊明所生活的年代，是一个政治矛盾异常尖锐、社会生活动荡不安的时代。一方面是百姓流离失所，农民起义此起彼伏；另一方面统治阶级内部又争权夺利，连年征战。陶渊明生活的江州，地处荆、扬要冲，为兵家必争之地。到处是一派残破景象。本篇真实地反映了一种追求，一种理想，一种与黑暗现实截然对立的价值观念。

《桃花源记》的写作时间大约在419年至421年之间，此时陶渊明隐居田园已至少十三年，对田园生活已有深切之感。作者的这些感受成了《桃花源记》中理想的源泉。他的精神追求已超越了他的时代。因此，李泽厚先生说陶渊明是"魏晋风度的最高代表者"。

1959年6月29日，毛泽东主席登庐山开中共八届八中全会，他在山上远望鄱阳湖、扬子江，千峦竞秀，万壑争流，红日方升。一时诗兴大发，写下了名诗《登庐山》，其中还反用桃花源的典故，说明了社会主义社会建设的成就。

一山飞峙大江边，跃上葱茏四百旋。
冷眼向洋看世界，热风吹雨洒江天。
云横九派浮黄鹤，浪下三吴起白烟。
陶令不知何处去，桃花源里可耕田？

隋唐大曲

顺便说说隋唐大曲。

隋唐大曲，也称燕乐大曲。它是综合器乐、声乐、舞蹈于一个整体中，连续表演的一种大型艺术形式。在形式和规模上较唐以前的“清商大曲”有更大发展。燕乐大曲进一步吸收外来音调和艺术形式，丰富和发展了这种曲

青瓷乐俑

式，成为结构复杂，规模庞大，音乐节奏、速度、力度富于变化，乐器组合多样的集歌、舞、乐于一体的综合艺术形式。代表了当时我国歌舞音乐发展的水平。

大曲的结构分乐（散序）、歌（中序）、舞（舞遍）三

大部分，同“相和大曲”的艳、趋、乱之间具有某些传承联系。唐大曲主要曲目有：《绿腰》（《六么》）、《乐世》、《凉州》、《薄媚》、《雨霖铃》、《浑脱》、《剑器》、《破阵乐》、《霓裳羽衣》、《玉树后庭花》等。遗憾的是唐大曲没有乐谱传世，在上述曲目中，只有《破阵乐》在武则天时期，由日本遣唐使粟田正人将该曲带回日本。现日本保存这首乐曲的九种遗谱。

亦仙亦幻的《霓裳羽衣曲》

《霓裳羽衣曲》是唐代大曲中法曲的精品，是唐歌舞的集大成之作。直到现在，它仍无愧于音乐舞蹈史上的一颗璀璨的明珠。《霓裳羽衣曲》是由唐玄宗作曲，在开元、天宝年间曾盛行一时，安史之乱后，宫廷就没有再演出了，后失传。

此曲约成于718年至720年间，关于它的来历，则有三种说法：

一是说玄宗登三乡驿，望见女儿山（传说中的仙山），触发灵感而作。

第二种说法则是根据《唐会要》记载：天宝十三年，唐玄宗以太常刻石方式，更改了一些西域传入的乐曲，此曲就是根据《婆罗门曲》改编。

第三种则折衷前两种说法，认为此曲前部分（散序）是玄宗望见女儿山后悠然神往，回宫后根据幻想而作；后部分（歌和舞）则是他吸收河西节度使杨敬述进献的印度《婆罗门曲》的音调而成。

舞伎像

五代时，南唐后主李煜和昭惠后曾一度整理排演，但那时宫廷传存的乐谱已经残缺不全。南宋年间，姜夔曾发现商调霓裳曲的乐谱十八段。

相思红豆

红豆生南国，
春来发几枝？
愿君多采撷，
此物最相思。

——王维

王维像

相传南北朝萧梁时期，风流倜傥的昭明太子萧统，曾在江阴顾山的文选楼，读书编纂《文选》。

有一次，他思绪纷杂，文不成句，于是外出散步，恰好与庵堂的一位年轻美貌的尼姑慧如相识。两人一见钟情，不能自已，但两人门第相差实在太悬殊了，而且慧如又是个尼姑，他们终究不能实现心愿。

慧如相思成疾，抱病而终。萧统闻讯痛哭不已，眼含热泪在他们相识的地方种下红豆树，并将草庵题名“红豆庵”，满怀相思悲苦而去。

这棵见证爱情悲剧的红豆树历经千年，到元代曾一度衰败成枯树，但到清乾隆年间又在古树干上萌生四株新枝，一直长到现在。

现在，江阴顾山红豆村的这株神奇的红豆树已经有一千四百多年的历史了。慧如泉下有知，也当欣慰了。

红豆树，又名“相思树”，红豆亦称“相思子”，晶莹红亮，可以长久存贮而不蛀不坏不变色，人们称其为“假宝石”。

历来青年男女都将其作为珍贵的爱情信物，也是文人诗词中常见的寄托相思的东西。

安史之乱中的琵琶圣手

万户伤心生野烟，
百官何日再朝天。
秋槐叶落空宫里，
凝碧池头奏管弦。

这是唐代大诗人王维为了纪念唐代乐师雷海青而作的。雷海青是唐玄宗时著名的宫廷乐师，善于弹琵琶，很受唐玄宗器重。

在安史之乱中，安禄山攻入长安，唐玄宗西去四川，数百名梨园弟子都成了安禄山的俘虏，雷海青也在其中。

一天，安禄山在长安西内苑重天门北凝碧池举行大

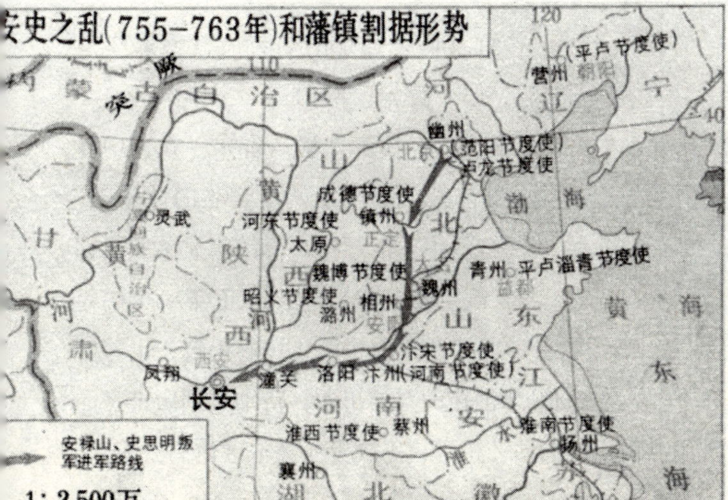

安史之乱和藩镇割剧形势

宴，命梨园弟子奏曲作乐。雷海青不愿为叛军演奏，称病不去，被安禄山派人强押到场。

在宴会间，这些梨园弟子相对而泣，曲不成调。这一哭激怒了安禄山，便道："再有泪者当斩！"雷海青性烈如火，当下忍耐不住，对着安禄山，高举琵琶奋力往地上一摔，琵琶被摔得粉碎，然后面西放声大哭。安禄山暴跳如雷，下令将雷海青在试马殿前肢解示众。

王维闻雷海青死难之事后，很是感动，就写了这首七绝。在安史之乱后，唐肃宗赐封死难大臣，其中就有这位忠贞的乐师——雷海青。

梨园旧雨李龟年

岐王宅里寻常见，
崔九堂前几度闻。
正是江南好风景，
落花时节又逢君。

成都杜甫草堂

这是诗圣杜甫的名诗《江南逢李龟年》，那么，李龟年又是什么人呢？

在唐代，唐玄宗喜爱音乐，在宫中养了大批艺人，李龟年就是著名的"乐工"之一。李龟年、李彭年、李鹤年兄弟三人都有文艺天赋。李彭年擅舞，李龟年、李鹤年则擅歌，李龟年还擅吹筚篥，擅奏羯鼓，也长于作曲。他们兄弟创作的《渭川曲》特别受到唐玄宗的赏识。由于他们演艺精湛，王公贵人经常请他们去演唱，每次演唱得到的赏赐都成千上万。他们在东都洛阳建造宅第，其规模甚至超过了公侯府第。

安史之乱后，李龟年流落到江南，每遇良辰美景便演唱几曲，常令听者泫然而泣。此时诗圣杜甫也流落到江南，有一次听到了李龟年的演唱，想起盛唐时期的景象，不胜感慨，就写下了这首《江南逢李龟年》。

李龟年的一生富有传奇色彩，就是他的死也不同寻常。他后来流落到湖南湘潭，在“湘中采访使”举办的宴会上唱了王维的五言诗《相思》：

红豆生南国，
春来发几枝？
愿君多采撷，
此物最相思。

唱得音调凄凉，令人伤情，座中无不下泪。李龟年又唱了王维的一首《伊川歌》：

清风明月苦相思，
荡子从戎十载余。
征人去日殷勤嘱，
归燕来时数附书。

李龟年作为梨园弟子，多年来受到唐玄宗的恩宠，与玄宗的感情非常人能及。歌唱这样的词句，表达李龟年希望唐玄宗南幸的心愿。但此时玄宗已是风烛残年，李龟年也垂垂老矣。他唱完后突然昏倒，只有耳朵还有热气，他的老妻不忍心殡殓他，果然四天后他又慢慢醒来，但思念玄宗之心不改，最终郁郁而死。

离离原上草与长安米贵

唐代有一个著名的诗人叫顾况，名满天下。很多诗人都去向他请教，或者想借他的门路扬名。有一天，一个从河南来的十六岁少年，初到长安来应试，便携带诗文去拜见顾况。

这种少年，顾况见得多了，也没太在意，一边随手翻着诗文，一边问："你叫什么啊？"

少年说："我叫白居易。"

顾况轻蔑地一笑道："长安米贵，白居恐不易，快回家吧，别白白糟蹋了父母的血汗钱。"

确实，当时应考的人太多了，一个十六岁的少年想考中，实在是太难了。顾况一低头，忽然读到这样一首诗：

赋得古原草送别

离离原上草，一岁一枯荣。
野火烧不尽，春风吹又生。
远芳侵古道，晴翠接荒城。
又送王孙去，萋萋满别情。

顾况立刻大为赞赏道："你小小年纪就有这样的文笔，在长安居住不难，不难啊！"

白居易像

白居易，字乐天，号香山居士、醉吟先生。原籍山西太原，祖上迁到陕西渭南。晚年官太子少傅，谥号"文"，世称白傅，白文公。白居易于唐代宗大历七年（772 年）正月二十日生于河南新郑县东郭宅。武宗会昌六年（846 年）八月卒于洛阳，享年七十五岁。他是继李白、杜甫之后，唐代又一位大诗人，世称李、杜、白为"唐代三大诗人"。

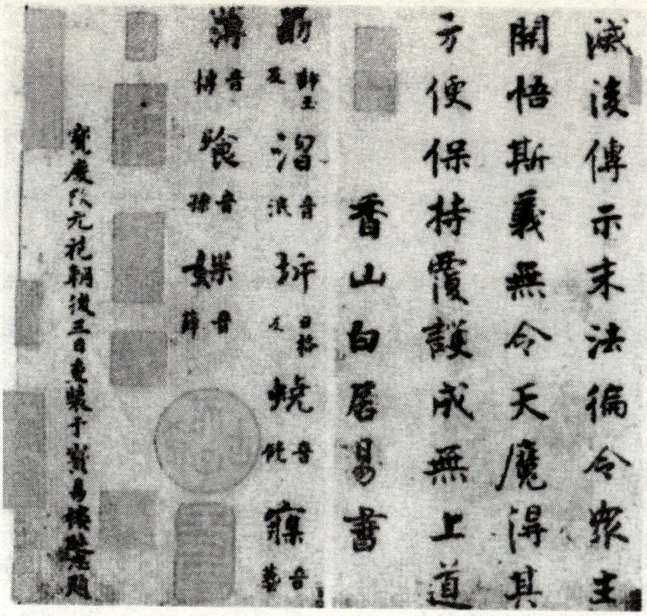

白居易墨迹

《长恨歌》与《琵琶行》

白居易最为出名的诗就是堪称中国古代诗歌杰作的叙事长诗《长恨歌》和《琵琶行》。

《长恨歌》是白居易三十五岁时当周至县尉时所作。该诗以民间流传唐玄宗和杨贵妃的故事为题材，加以虚构，写得上至九天，下至黄泉，形象生动，文词妙绝。评论家认为此诗是唐代歌行体长诗中最好的一首，在我国诗歌史上占有突出地位。

在这首诗里，“汉皇重色思倾国”、“从此君王不早朝”等语，其实是白居易对唐玄宗不检点生活的大胆批评。后面描写唐玄宗与杨玉环的深情，既微有讽刺，又饱含哀怜。当说及生离死别的情形时，笔锋一转，写得九曲回肠，颇富感情。

全诗以曲曲折折的故事为本，加以颇富文彩的描绘，兴起层层波澜，感情充沛复杂。读之给人以极大的感染力。

☞《琵琶行》诗意图

他四十五岁时所作另一首歌行体长诗《琵琶行》，同样受到了人们的高度评价。

白居易被贬做江州司马后，在浔阳江头和友人话别。正当"主人下马客在船"的时候，忽听邻船有弹琵琶声。经打听，得知是一位年老色衰、独守空船的歌伎，借琵琶诉说自己的无限愁思。白居易听了她的身世，不仅深表同情，而且因之想到自己的不幸，产生了"同是天涯沦落人，相逢何必曾相识"的感慨，便作了这首可与《长恨歌》媲美的长诗。

这首诗的前半部叙歌伎的生平状况、可悲身世，

☞《长恨歌》诗意图

白居易草堂

后半部转而写自己与歌伎都是天涯沦落人。在感情上引起了共鸣，不由得与歌伎一同悲伤起来。诗的最后写道：“座中泣下谁最多，江州司马青衫湿。”从此，“司马青衫”也成了典故。这首诗描写细致，感情真挚，音节和谐，尤其描写琵琶声音那一段，文辞奇丽异常，令人一唱三叹。

这两首长诗，是白居易留给后人的无价瑰宝。

元稹的宝塔诗

茶。

香叶，嫩芽。

慕诗客，爱僧家。

碾雕白玉，罗织红纱。

铫煎黄蕊色，碗转曲尘花。

夜后邀陪明月，晨前命对朝霞。

洗尽古今人不倦，将知醉后岂堪夸。

☞元稹像

这首奇怪的诗是唐代文学家元稹写的。元稹（779 年～831 年），年字微之，别字威明，洛阳人。八岁丧父，少经贫贱。十五岁时就考上了“明经”，二十五岁当上了秘书省校书郎。元和四年（809 年）为监察御史，因触犯宦官权贵被贬官，此后有升有降。

元稹的创作，以诗成就最大。与白居易齐名，并称“元白”，同为新乐府运动的倡导者。

他非常推崇杜诗，其诗学杜而能变杜，并于平浅明快中呈现丽绝华美，色彩浓烈，铺叙曲折，细节刻画真切动人，比兴手法富于情趣。

在诗歌形式上，元稹是“次韵相酬”的创始者。《酬翰林白学士〈代书一百韵〉》、《酬乐天〈东南行诗一百韵〉》，均依次重用白诗原韵，韵同而意殊。这种“次韵相酬”的做法，在当时影响很大，但是也很容易产生流弊。

元稹在散文和传奇方面也有一定成就。他首创以古文制诰，格高词美，为人效仿。其传奇《莺莺传》（又名《会真记》）叙述张生与崔莺莺的爱情悲剧故事，刻画细致，为唐人传奇中之名篇。后世戏曲作者以其故事人物创作出许多戏曲，如金代董解元《西厢记诸宫调》和元代王实甫《西厢记》等。

乌台诗案

北宋元丰二年（1079 年），大诗人苏轼因为不赞成王安石的新法被贬谪湖州。按照常例，在贬谪时也要向皇帝上表致谢，苏轼也依例向宋神宗上表。

他知道自己被外放，是新党的御史们做了手脚，因此心中的不平之气便按捺不住，表中的文句也就略带牢骚，他说：“知其生不逢时，难以追陪新进；查其老不生事，或可牧养小民。”

苏轼像

表上后，新党官员们马上从中看出了苏轼的不满情绪，他们决定找一个借口，再给苏轼一点颜色。

借口很快就找到了，这就是苏轼的诗。

诗人的天性是吟颂，无论是欢乐时还是愤怒时，都要用诗来言志。苏轼的弟弟苏辙知道哥哥的毛病，所以特意告诫他：“北客南来休问讯，西湖虽好莫吟诗。”

但是，有什么能让一个诗人停止写诗呢？苏轼在贬谪途中，还是忍不住借诗抒发胸臆，宣泄胸中的不满，他看

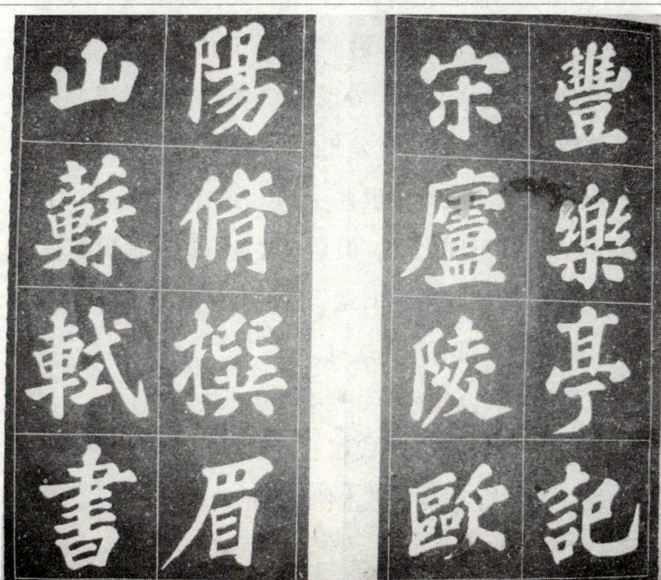

苏东坡墨迹

见一棵枝叶茂盛的桧树，不由得联想到自己，写道："根到九泉无曲处，世间惟有蜇龙知。"

这两句诗给他惹下了大祸，在中国封建社会中，龙是皇帝的代称，皇帝是"真龙天子"。皇帝如飞龙在天，苏轼却要向九泉之下寻蜇龙……于是，苏轼被人抓到把柄，到任三个月后，就被押回了乌台（即御史府，宋代纠弹百官的机构）。这就是历史上有名的"乌台诗案"。

奇茶妙墨俱飘香

苏轼，号东坡居士，四川眉山人，是我国宋代一位大文学家，同时又是一位品茶、烹茶、种茶样样都内行的大诗人。他创作出许多千古茶诗、词。他的很多故事都被文人墨客和人民大众传为美谈。但是他在政治上一生都不如意。王安石变法时，他跟着司马光反对新法，差点遭杀身之祸。司马光执政后，苏轼连升三级，但是司马光把新法全部废除时，苏轼却说新法不可尽废，又被贬出京城。哲宗亲政，新党掌权，他又被一贬再贬，贬至海南。

这样，他与司马光也就有了种种恩怨。据说，有一天，苏东坡、司马光等一批文人骚客斗茶取乐，苏东坡的白茶取胜，免不了乐滋滋的。

当时茶汤尚白。司马光便有意难为他，笑着说："茶欲白，墨欲黑；茶欲重，墨欲轻；茶欲新，墨欲陈；君何以同时爱此二物?"

苏东坡想了想，从容回答说："奇茶妙墨俱香，公以为然否?"

也就是说，茶和墨虽然有许多不同之处，但是只要各自达到顶尖的程度，都会有一种令人陶醉的魅力。比如新党旧党积怨甚深、政见不同，但只要是顶尖人物，其人品、见识，就都有过人之处。

司马光问得妙，苏东坡答得巧，众皆称善。此事传为千古美谈。

这又引出了另一个话题，就是斗茶。唐代以前，是以品为主的煎茶；至宋代时，发展成了"斗茶"，达到了更高的艺术性品茶的阶段。

斗茶时，先把饼茶击碎成小块，并碾成细末，放入烫好的茶盏，再注入沸水调制成茶膏，然后用特制的茶筅（形似小扫把的工具），边转动茶盏，边搅动茶汤，使盏中泛起汤花，以比较茶汤的色、香、味。最后再品尝汤花，俱佳者获胜。

“斗茶”比的是茶叶的质量，比的是茶汤的色、香、味，比的是斗茶者的茶技、茶艺。斗茶虽曰“斗”，却和我国民间流传的“斗鸡”、“斗蟋蟀”不同。不过是清茶数盏，文静雅观，还可以通过斗茶切磋采制技术，交流品茶艺术，而达官显贵们则可从中挑选“贡茶”，以茶而得福，因茶而得宠。

斗茶图

救命的《鹧鸪天》词

北宋宋徽宗在位时，有一年的元宵佳节，大放花灯，京城汴梁里一派歌舞升平的景象。

天刚擦黑，全城华灯齐放，大街小巷人流如潮。有一对新婚夫妇被人群冲散，这个叫计信敏的女子随着人流而行，不一会儿，她被挤到了皇宫楼门前。

此时，宋徽宗携带着三宫六院正在这里观灯。此处城楼上旌旗招展，灯火辉煌。徽宗皇帝龙颜大悦，特地传旨：“凡是经过皇宫正门观灯的百姓，不论男女老幼，赏赐御酒一杯。”老百姓不知御酒是啥滋味，想必美味无比，机会难得，纷纷排着长龙队耐心地往前挪，等着喝皇上赐的御酒。

城门楼前，一长溜桌上摆满了金壶银杯，杯杯都斟满了御酒。轮到计信敏时，她拿起杯子一饮而尽，刚走

☞宋徽宗像

出人群几步，忽然发现不知怎么把银杯也拿出来了。她正想送回去，忽然背后一声大喝："呔，窃杯女贼，哪里去！"计信敏刚一转过身子，两个膀阔腰圆的武士已不由分说地把她押到皇城楼上恭请圣裁。徽宗皇帝对这种大煞风景的事本想严厉惩治，可一看作案者竟是位红颜少妇，且长得楚楚动人，心肠就软了下来，问道："窃杯女贼，你可知罪？"

计信敏灵机一动，说："民女愿以今日之事，当场填词一首，倾诉衷肠。"宋徽宗没想到这少妇还能填词，一下子提起了精神，忙令她站起来赋诗填词。

计信敏遥望满城火树银花、灯山人海，略一沉思，便吟出一首《鹧鸪天》词来：

> 红光楼上处处新，笑携郎君御街行。贪看鹤阵竹歌舞，不觉鸳鸯失却群。　天将晚，感圣恩，琼浆饮罢脸生春。归家恐被公婆怪，窃取银杯作证凭。

徽宗皇帝听罢鼓掌称绝："好一句'归家恐被公婆怪，窃取银杯作证凭'。市井中竟有你这样的才女，朕将这银杯赐你，拿回去作个证明吧！"

《满江红》词是岳飞写的吗

怒发冲冠，凭栏处、潇潇雨歇。抬望眼，仰天长啸，壮怀激烈。三十功名尘与土，八千里路云和月。莫等闲、白了少年头，空悲切。

靖康耻，犹未雪；臣子恨，何时灭。驾长车、踏破贺兰山阙。壮士饥餐胡虏肉，笑谈渴饮匈奴血。待从头、收拾旧山河，朝天阙。

这是宋代著名爱国将领岳飞作的《满江红》。他在写作这首词时，正是中原地区遭受女真奴隶主贵族的铁骑践踏和蹂躏的岁月。所以这首词一直作为爱国主义的绝唱在神州大地上传诵。

岳飞塑像

可是，当代学者对这首词的作者提出怀疑，这首词真的是岳飞写的吗？

岳飞有一个孙子名叫岳珂，他在收集岳飞的文章时，曾是不遗余力的。他历经三十一年编订和重刊了《金佗粹编·家集》，而此集中就没有这首词。

直到明代，这首词才见于徐阶所编的《岳武穆遗文》，为什么这首词突然出现在明中叶以后？

还有一个很关键的问题是词中“贺兰山阙”的地名所指。岳飞伐金要直捣的黄龙府在今吉林省境内，而贺兰山却在今内蒙古河套之西，南宋时属西夏，并非金国土地，岳飞的前进方向怎么如此的乖背？而在明代北方鞑靼族倒常取道贺兰山入侵甘、凉一带，“踏破贺兰山阙”在明代中叶是一句抗战的口号，而在南宋是不会有的。

也有一些学者对此事做了维护。第一，岳珂两代人没有收集到此词，只能说明岳飞的后代在这方面有遗漏。而且“贺兰山阙”是泛指而不是实指，与词中的“胡虏肉”、“匈奴血”是指女真，而不是实指匈奴一样。

立刻有学者反驳，贺兰山不同于泛称边塞的“玉门关”、“天山”之类，贺兰山这个名词进入史书始于北宋。唐宋人以贺兰山入诗都是实指，到了明代中叶以后都还是如此。宋朝的岳飞怎么会用贺兰山泛指呢？

综上所说，《满江红》词到底是不是岳飞作的？争论双方都持之有据，很难统一。不过对于这首词的思想价值和历史作用，大家都是肯定的。

我泥中有你，你泥中有我

元代大画家赵孟頫的妻子管道升也是一位善画的女子，夫妻俩常常一起切磋画艺，感情很深。

赵孟頫在人过中年之后，有一次想置妾又不好意思明说，就作了一首小曲给管夫人：

> 我为学士，你做夫人。
> 岂不闻，
> 陶学士有桃叶、桃根，
> 苏学士有朝云、暮云，
> 我便多娶几个吴姬、越女，

有何过分?
你年纪已过四旬,
只管占住玉堂春。

管夫人也作了一首小曲,答道:

你侬我侬,忒煞情多,
情多处热似火。
把一块泥,
捏一个你,塑一个我。
将咱两个一齐打破,
用水调和,
再捏一个你,再塑一个我。
我泥中有你,你泥中有我。
与你生同一个衾,死同一个穴。

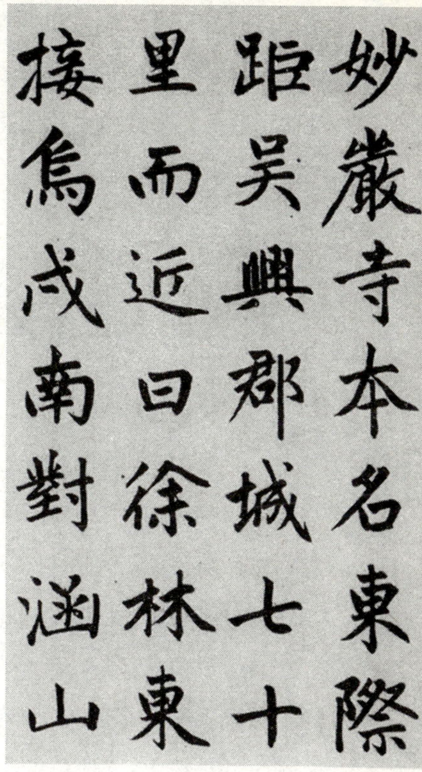

赵孟頫《妙严寺记》(局部)

通篇情重意浓、入骨入肉,不容人不动心性。几百年来,这首词被称做男女爱情的典范,被人民尤其是热恋中的青年男女广为传唱。可是又有谁知道作者却是一个年过四旬的女子,而且是为了驳斥丈夫纳妾而作的呢?

现在来介绍一下这对才情出众的夫妻吧。

赵孟頫(1254年~1322年),元代书画家,字子昂,号松雪道人、水精宫道人,湖州(今浙江吴兴)人。他是宋朝的宗室。元灭宋以后,元世祖忽必烈搜访"遗逸",经程钜夫荐举,他在元朝当了官,封魏国公,谥文敏。赵孟頫工书法,尤精正、行书及小楷,人称"赵体"。也擅画,开创了元代画风。

赵孟頫像

管道升(1271年~1319年),字仲姬,湖州(今浙江吴兴)人。封魏国夫人。能书,善画墨竹梅兰,笔意清绝。并且她把儿子赵雍也调教成了大书画家。

据说，元仁宗曾经把赵孟頫、管道升、赵雍三人的书法合装一卷轴，在秘书监收藏，并且说："使后世知我朝有一家夫妇父子皆善书，亦奇事也。"

我笑他人看不穿

祝枝山："啊，唐兄！"

唐伯虎："啊，祝兄！"

祝枝山："唐兄，救命啊！"

唐伯虎："哎呀呀，看来祝兄一定又是在赌场输得清洁溜溜了！"

祝枝山："生我者父母，知我者唐兄啊！"

唐伯虎："江南四大才子之中，就以祝兄最为洒脱，众人皆知！所谓风吹鸡蛋壳，财去人安乐，此乃祝兄你的座右铭不是吗？"

祝枝山："过奖过奖，但是比起唐兄的风流不羁，小弟只好望尘莫及吧！"

唐伯虎："哈哈哈哈，只不过，祝兄你隔几天就输它几百两，输光了就跑来叫救命，老这么搞，也不是办法吧？"

祝枝山："有见地，小弟就是有鉴于此，这次破釜沉舟，一下子把一辈子能输的全输了，整整三十万，希望唐兄替我画三十幅画，让我还债救命呀！"

唐伯虎："了解了解，阿水，你先出去！"

下　人："是，少爷！"

唐伯虎："王八蛋，你把这儿当善堂？想要三十万两？免谈！"

祝枝山："不要这样子嘛，都是我不好我不好，我现在磕头认错。你不念在我借《玉蒲团》给你过瘾的份上，你也想想这几年我帮你卖画搂了不少钱啦……"

星迷们一眼就能看出来，这是周星驰的《唐伯虎点秋香》中的一段经典对话。唐伯虎点秋香的故事在民间广为流传，那这段故事到底在历史上是什么样的呢？唐伯虎又是什么人呢？

唐寅（1470年～1523年），字伯虎，别号六如居士，是明代著名书画家、文学家。从唐寅的曾父起，唐家世代在苏州经商。他自幼聪敏，熟读经书，在绘画上，擅长山水，又工人物，尤其是仕女，笔法秀丽缜密，为后人推崇。传世之作有《一世姻缘》、《簪花仕女图》等。唐伯虎才气横溢，诗、书、画并称“三绝”，与沈周、文征明、仇英合称“明四家”。

唐伯虎一生道路坎坷，生活穷困潦倒，郁郁不得志，仅活到五十四岁就辞世而去。他在临终前挥笔写道：

生在阳间有散场，
死归地府又何妨。
阳间地府俱相似，
只当漂流在异乡。

唐伯虎《桃源仙境图》(局部)

唐寅二十九岁乡试中解元后。次年赴京会试，不料祸从天降，因科场试题泄露，他无辜受牵连入狱，成了朝廷竞争的牺牲品。他出狱后被人唾弃，妻子嫌贫爱富、反目离婚，佣人侧目，动辄顶撞，使他在精神上备受打击，心情十分低落。后来他沉潜于诗画艺术。穷困潦倒的他只得以作画卖文为生，过着布衣素食的清苦生活。但他洁身自好，从不巴结权贵，不趋炎附势。自己写诗说“闲来写就青山卖，不使人间造孽钱”。

历史上唐伯虎从未自称过“江南第一风流才子”，所谓的这一图章也是后人伪造的。民间传说的“点秋香”的故事更是虚构的。这“三笑姻缘”是好事者借助唐寅的盛名，把别人的事张冠李戴给他的。而秋香是确有其人，她是当时南京一名颇有名气的青楼女子，至少比唐寅大十几岁，根本不可能与他发生一场风流瓜葛。

唐寅落魄后，曾娶一位叫沈九娘的妇女为继室，夫妻偕老，生有一女。所谓的唐伯虎有九个妻子，全是从“沈九娘”这个名字上演化而来。从当时唐伯虎的贫寒情况来看，是绝不可能妻妾成群的。

唐寅虽然风流，但是他的才气是无与伦比的。周星驰版的《唐伯虎点秋香》中，秋香口吟“又摘桃花换酒钱”的诗句，虽然搞笑，却也打动了无数当代文人的心。这首诗其实就是唐伯虎广为流传的名诗《无题》中的一句。

桃花坞里桃花庵，桃花庵下桃花仙。
桃花仙人种桃树，又摘桃花换酒钱。
酒醒只在花前坐，酒醉还来花下眠。
半醉半醒日复日，花落花开年复年。
但愿老死花酒间，不愿鞠躬车马前。
车尘马足显者事，酒盏花枝隐士缘。
若将显者比隐士，一在平地一在天。
若将花酒比车马，彼何碌碌我何闲。
别人笑我太疯癫，我笑他人看不穿。
不见五陵豪杰墓，无花无酒锄作田。

为什么是“赵钱孙李”

《百家姓》是中国流传甚广的一部脍炙人口的启蒙书，相传为北宋初年浙江钱塘（今杭州市）的一位老儒生所编写。它采用四言体例，句句押韵，读来顺口，听来悦耳，易学易记。

中国的姓氏传统，经历了几千年绵延不绝的演变过程。《百家姓》成为流传甚广、有深刻影响的启蒙读物已有一千年之久了。当时，浙江为吴越王钱俶的国土，因为钱俶降宋，所以以宋朝的国姓“赵”为第一个姓；钱俶的“钱”排在第二位，第三位的“孙”是钱俶正妃的姓；“李”姓是南唐皇帝的姓，也是江南的大姓。往下排就都是“国之大姓，随口押韵”。

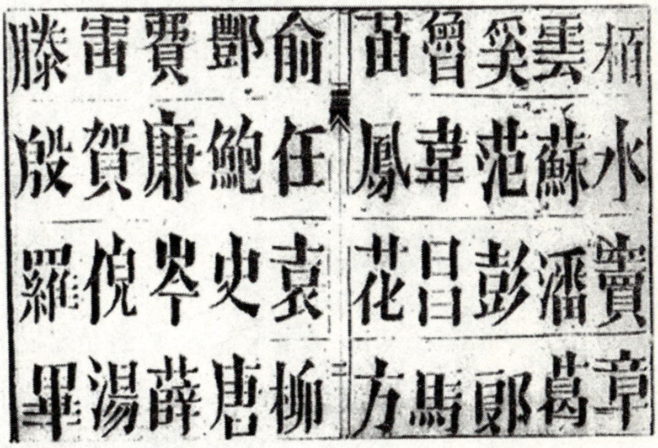
柏水竇章
雲蘇潘葛
奚范彭郎
魯韋昌馬
苗鳳花方
俞任袁柳
酆鮑史唐
費廉岑薛
雷賀倪湯
滕殷羅畢

《百家姓》书影(局部)

学术界认为《百家姓》很可能在宋以前就有底本，而北宋初年由吴越地区某儒生加工成书。一千多年以来，《百家姓》被翻印了无数次，版本众多，又有各种《续百家姓》、《增广百家姓》，在不同时期经过多人之手删补而成。

明清时，政府出面编撰，颁布了新的《明皇百家姓》、《御制百家姓》，企图将赵宋《百家姓》取而代之，结果未成功。明初官修的《明皇百家姓》，以国姓“朱”开首，以“朱奉天运”开头，收入一千九百六十八个姓氏，于洪武十四年进呈给朱元璋，但在民间无法推广，至今已失传。

清康熙年间，官修了《御制百家姓》。此书中不收满族和蒙古八旗姓氏，只收汉姓，无法以皇姓“爱新觉罗”

起首，便以孔夫子之姓起头。实际上是把当时流传的《百家姓》中四百零八个单姓，三十个复姓重新编排，并在每个后面标注郡望，也就是个改编本，可清本《百家姓》也未能流行。现在最流行的，还是“赵钱孙李周吴郑王”版的《百家姓》。

郑板桥的题画诗

乌纱掷去不为官，

囊囊萧萧两袖寒。

写取一枝清瘦竹，

秋风江上作渔竿。

郑板桥《四君子图》

这是郑板桥不愿与贪官污吏合流，不当县令，告归家乡时在一幅自画的墨竹上题的诗。表达了画家两袖清风、光明磊落的豪迈情怀。

由于郑板桥总是难以向清代官场的作风妥协，所以他虽然为官清正也颇有政声，但是一直没有得到最高统治者的赏识。但时任山东巡抚的包括却十分尊重与支持他。板桥给包括画过一张画，画面上几竿清竹，题句云：

衙斋卧听萧萧竹，

疑是民间疾苦声。

些小吾曹州县吏，

一枝一叶总关情。

不是连年灾害，“疾苦”两字不至于在板桥心目中占如此重要的位置。由听竹而至听民间疾苦之声，足以见主人对灾民的关切之深。全诗浑然天成，自然晓畅，一枝一叶，一撇一横，都散发着耀眼的光彩。

在另一幅画竹的画上，郑板桥题下了这样的诗：

咬定青山不放松，
立根原在破岩中。
千磨万击还坚劲，
任尔东西南北风。

这是一首寓意深刻的题画诗。竹子扎根破岩中，基础牢固。无论各方来的风怎样猛刮，竹石受到多大的磨折击打，它们仍然坚定强劲。在赞美竹石的这种坚定顽强精神时，郑板桥隐寓了自己风骨的强劲。

“章回体”小说

“甄士隐梦幻识通灵，贾雨村风尘怀闺秀”，此开卷第一回也。作者自云：“因曾经历过一番梦幻之后，故将真事隐去，而借‘通灵’之说，撰此《石头记》一书也。”故曰“甄士隐”云云。

……列位看官，你道此书从何而来?说起根由虽近荒唐，细按则深有趣味。待在下将此来历注明，方使阅者了然不惑……

这是我国古典名著《红楼梦》中的第一章。有的读者会问，既然是小说，其中的“列位看官”、“待在下”等等是什么意思呢？其实《红楼梦》是我国典型的“章回体”小说，而“列位看官”、“话说”等则是章会体小说特有的形式。

章回体小说是中国古典长篇小说的主要形式，它是由宋元时期的“讲

《红楼梦》书影

《金瓶梅词话》书影

史话本”发展而来的。“讲史”就是说书的艺人们讲述历代王朝的兴亡和战争的故事。讲史一般都很长，艺人在表演时必须分若干次才能讲完。每讲一次，就等于后来章回体小说中的一回。在每次讲说以前，艺人要用题目向听众揭示主要内容，这就是章回体小说回目的起源。章回体小说中经常出现的“话说”和“看官”等字样可以明确看出它与话本之间的继承关系。

经过长期的孕育，在明代初年出现了首批章回体小说，其中著名的有《三国志通俗演义》、《水浒传》等。这些小说都是在民间长期流传，经过说话艺人补充内容、逐渐丰富，最后由作家加工改写而成的。明代中叶以后，章回体小说的发展更加成熟，出现了《西游记》、《西厢记》、《金瓶梅》等著名作品。由于社会生活日益丰富，这些章回体小说的故事情节更趋复杂，描写也更为细腻。它们在内容上和讲史已没有多少联系，只是在体裁上还保持着讲史的痕迹。这就是清代写作的《红楼梦》还是有“看官”、“且说”等词句的原因。

斑竹一枝千滴泪

毛泽东不但是个大政治家、大军事家，而且还是一个传统文化素养非常深厚的诗人。毛泽东创作的旧体诗词作品，至 20 世纪 70 年代末期，已发表的有诗十四首和词二十九首。

毛泽东诗词题材多样，大都与革命或建设事业密切相关，表现无产阶级的爱国主义、国际主义、革命英雄主义和共产主义理想等主题。它充分展示了作者丰富的、特别是豪放雄浑的思想情感。

他在 1961 年所作的一首七律《答友人》是这样写的：

九疑山上白云飞，帝子乘风下翠微。
斑竹一枝千滴泪，红霞万朵百重衣。
洞庭波涌连天雪，长岛人歌动地诗。
我欲因之梦寥廓，芙蓉国里尽朝晖。

那么这首诗中的典故，究竟是怎么一回事呢？

相传，舜是古代东方先民的首领，凤是东方先民的图腾。一天夜里，舜父梦见一只凤衔着一粒谷种来喂他，并说："我是来给你做子孙的。"于是舜母怀孕，生了一个目生双瞳的孩子——舜。舜长大后，便在历山下耕作。当时，黄河流域有大象生息，舜便驯化大象用于耕耘。他还教人制陶器和捕鱼狩猎，发展生产。舜因名扬天下招来人嫉妒。一个恶徒曾请舜去修谷仓，暗地却放火烧仓，但舜在大火中化做一只凤鸟扶摇飞去。

当时天下的首领是尧，尧为了考验舜，将两位女儿娥皇和女英嫁给舜。与娥皇、女英成亲后，一下子由农夫变成了附马爷。许多人这时都一定会飘飘然，忘乎所以了。舜却像往常一样耕田不辍，孝敬父母，亲爱弟弟。娥皇和女英也在夫君的影响下恪尽孝道。尧从女儿那里了解到舜治家有方，终于决定将皇位传给舜了。

尧帝像

后来舜南巡，驾崩于湘江附近的九疑山。二妃寻夫来到洞府山，忽闻噩耗，悲痛万分，攀竹痛哭，血泪滴在竹子上，竹子上也出现了斑斑泪痕，后人称之为“斑竹”。二妃因悲恸而死于君山并葬于此地。从那以后这座山被称为君山，二妃成了湘江女神，斑竹成了君山特产。后人建庙祭祀二妃，这就是屈原在《九歌》中称之为的“湘君”和湘夫人。山上至今有“舜帝二妃之墓”，墓两边的石刻对联是：

君妃二魄芳千古，
山竹诸斑泪一人。

“七绝圣手”与“诗家夫子”

秦时明月汉时关，
万里长征人未还。
但使龙城飞将在，
不教胡马度阴山。

——王昌龄

王昌龄，字少伯，京兆长安（今陕西西安市）人，盛唐著名诗人，约生于武则天圣历元年（698年），约卒于玄宗天宝十五年（756年）。王昌龄擅长七言绝句，被后世称为“七绝圣手”。如这首《出塞》诗，从写景入手，勾勒出一幅冷月照边关的苍凉景象，使人联想到战争给人带来的灾难，同时慨叹守将无能，寄希望于有才能的将军。悲壮而不凄凉，慷慨而不浅露，意境开阔，感情深沉，有纵横古今的气魄。确实为古代诗歌中的珍品，被誉为唐人七绝的压卷之作。

王昌龄是盛唐诗坛一著名诗人，当时即名重一时，被称为“诗家夫子王江宁”。因为诗名早著，所以与当时名诗人如李白、孟浩然、高适、岑参、王之涣、王维等交游颇多，交谊很深。其中，他与孟浩然的交游最让人感慨。

唐玄宗开元二十八年（740年），王昌龄游襄阳，同时寻访著名诗人孟浩然。孟浩然患疽病，当时已经快痊愈了。两人见面后非常高兴，一见如故，孟浩然高兴地以酒助兴，谁知道由于喝酒过多而旧病复发，竟因此而死。与孟浩然这样第一流的诗人相见，对王昌龄来说，自是一大乐事，可惜与孟浩然一见，竟成永诀，留下了无尽的遗憾。

旗亭画壁与六首绝诗

在唐代开元年间，三个齐名的大诗人王之涣、王昌龄与高适非常要好。有一天，天寒微雪，三个人一起去旗亭小饮。正好有十多个梨园伶官和四位著名歌伎也来此会宴，他们三人便在旁边一面烤火一面观看。

王昌龄忽然提议说，我们各擅诗名，可究竟谁胜于谁呢？今天我们可看她们所唱谁的诗多，谁便为优者。

第一个歌伎唱的是王昌龄的“一片冰心在玉壶”，王昌龄在壁上为自己画了一道。第二个唱的是高适的“开箧泪沾臆”，高适也为自己画了一道。随后王昌龄又添得一道。

王之涣毫不着急，微微一笑说：“这三位为普通歌伎，唱的都是下里巴人。应看最后那位最佳的歌伎唱的是谁的诗。若唱的不是我的诗，则终身不敢与你们二位争衡了。”

三个人静下来听，最后那名歌伎唱的果然为王之涣之诗，三人不觉开心地笑起来。

诸位伶官和歌伎见他们忽然大笑，都很奇怪，过来一问，才知道这三个人就是王之涣等人，非常高兴，即拜请他们入席。旗亭画壁，就成了一个典故。元代人还曾经将其编成杂剧上演。

王昌龄和高适的历史资料都很丰富，但是因史料关系，后世对王之涣的身世所知甚少。但他作为一位名诗人，却几乎尽人皆知。他那首脍炙人口的“黄河远上白云间，一片孤城万仞山。羌笛何须怨杨柳，春风不度玉门关。”(《凉州词》)历代被人们广为传诵，曾被章太炎先生称为“绝句之最”。《登鹳雀楼》中的“欲穷千里目，更上一层楼”，更为千古名句。

王之涣的诗流传下来的甚少，今可见者只有六首，而此六首，足使王之涣诗名与宇宙共存。

王之涣，或作王之奂，字季凌，原籍晋阳（今太原），家居绛州（今山西新绛县）。生于武后垂拱四年（688 年），卒于天宝元年（742 年）二月，享年五十五岁。

缘何“戏曲”是“梨园”

我国的戏曲源远流长，种类繁多，异彩纷呈，有各种各样的服装、唱腔、音乐。可是我们对所有的剧种都有一个共同的称谓，即习惯称他们为“梨园界”或“梨园行”，称戏曲演员为“梨园子弟”。这是为什么呢?

这种称谓可以追溯到唐代。梨园在当时的京都长安（今陕西西安）光化门外的禁苑中。据《新唐书·礼乐志》记载：唐玄宗是一个既懂音乐，又酷爱乐曲的人，他亲自选了三百个“音乐工作者”，在梨园内给他们排练、指导。在演奏排练中，无论谁有什么错误，唐玄宗都能立刻察觉到，并且指正出来。这些“音乐工作者”就被人称做“皇帝梨园弟子”。由此，梨园就成了宫廷内专门训练音乐乐工的机构。

梨园的主要职责是训练器乐演奏人员，它与专司礼乐的太常寺和充任串演歌舞散乐的内外教坊，是鼎足而立的三大音乐机构。当时所有被人所喜爱的乐工，大多数都出身于梨园，“梨园弟子”就成了乐工弟子的代称。“梨园”一词也被借用以表示乐工机构。后来的很多乐工机构，虽都沿用了“梨园”的名义，而实际上并不都设在梨园。

梨园的乐工多是来自民间的艺人，经过严格选拔进入宫廷后，既能专心磨炼演奏技能，又能互相学习，技艺得到精进，对唐代诗歌和音乐的发展起到了推动作用。后来的人就将戏曲界习惯地称为“梨园界”或“梨园行”，将戏曲演员称为“梨园子弟”了。

问世间情是何物

问世间、情是何物，直教人生死相许。天南地北双飞客，老翅几回寒暑。欢乐趣，离别苦，就中更有痴儿女。君应有语，渺万里层云，千山暮雪，只影为谁去。　横汾路，寂寞当年箫鼓。荒台依旧平楚，招魂楚些嗟何及，山鬼自啼风雨。天也妒，未信与，莺儿燕子俱黄土。千秋万古，为留待骚人，狂歌痛恨，来访雁丘处。

读过金庸的《神雕侠侣》的朋友一定对这首《摸鱼儿》有着深切的感受。书中“赤练仙子”李莫愁并非天生狠恶，只因误于情障，以致走入歧途，愈陷愈深，终于不可自拔。她一生造孽万端，最终惨死，死时尚且唱着这首词。不知有多少男男女女都为“问世间情是何物”这一句感叹不已。

这首词的作者是元好问，字裕之，号遗山，世称遗山先生。生于金章宗明昌元年（1190 年），卒于元宪宗蒙哥七年（1257 年），太原秀容(今山西省忻州市)韩岩村人。他是七百多年前我国金朝最有成就的作家和历史学家，是宋金对峙时期北方文学的主要代表人物，又是金元之际在文学上承前启后的桥梁。

元好问出身于一个世代书香的官宦人家。他的祖先原为北魏皇室鲜卑族拓跋氏，后随魏孝文帝由平城（今大同市）南迁洛阳，并在孝文帝的汉化改革中改姓元。他的高祖、祖父都是官员，父亲元德明多次科举不中，以教授乡学为业。在这种书香门第的家庭，元好问的文学素养自然不用多说。

元好问是一位才华横溢、多才多艺的文学家。当时所有的文学形式，如诗、词、歌、曲、赋、小说，传统的论、记、表、疏、碑、铭、赞、志、碣、序、引、颂、书、说、跋、状、青词以及官府公文诏、制、诰、露布等，他几乎都有作品传世。迄今流传下来的作品有诗一千三百八十余首，词三百八十余首，散曲六首，散文二百五十余篇，小说《续夷坚志》四卷二百零二篇，《中州集》十卷，《唐诗鼓吹》十卷。

元好问的作品，最主要的特点就是内容实在，感情真挚，语言优美而不尚浮华。他的同时代人和后世都对他的诗文有极高的评价。

元好问又是一位高明的文艺理论家，主张作诗为文要“诚”、要写“情性”，还提出许多写作时的技巧原则，反对生硬晦涩，乱排典故。

元好问多才多艺，除了长于诗文、从政之外，还深于历算、医药、书画鉴赏、书法、佛道哲理等学问。他的朋友遍及当时的三教九流。

元好问当中央和地方官时都尽心竭诚、兢兢业业。他关心国家兴亡，关心民生疾苦，所以政治声誉非常高。

这首《摸鱼儿》的背后还有一个真实的故事。元好问在参加科举考试的途中来到太原。他在汾河岸边路遇一位张网捕雁的农夫，农夫告诉他，今天早晨在河滩上网到两只大雁。农夫杀掉其中的一只后，另一只脱网逃走的大雁在空中悲鸣哀叫，始终不愿离去，最后竟然一头撞向地面殉情而死。听完农夫的诉说，元好问唏嘘长叹，向农夫买下了这两只大雁，将它们埋葬在汾河岸边，用石块垒起一座坟丘，称之为“雁丘”。与元好问同行的学子们纷纷赋诗，元好问也写下了一首流传千古的《雁丘辞》，后来经过修改，就成了这首千古绝唱。

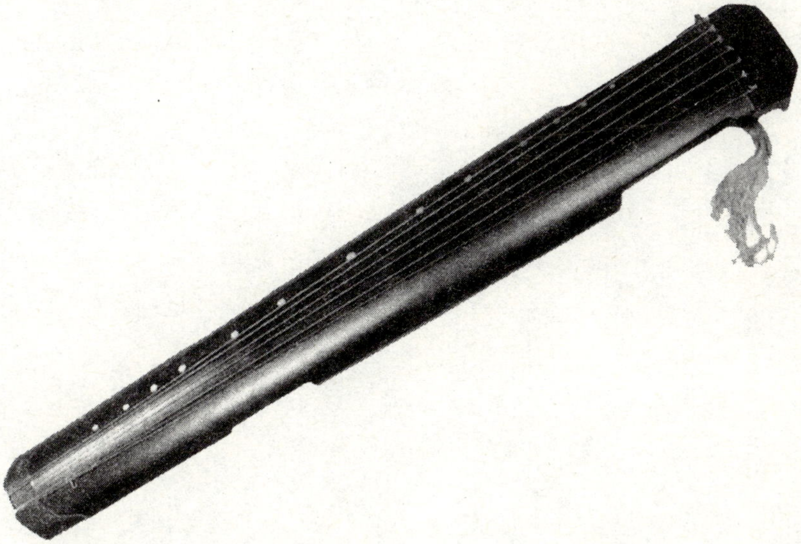

琴棋书画

伯牙摔琴谢知音

伯牙，原姓俞，名瑞，伯牙是他的字，春秋战国时期楚国郢都（今湖北荆州）人。历代文献关于伯牙的记载很多，最早见于荀况的《劝学》篇。而《吕氏春秋》和《列子》记载伯牙与钟子期的故事，一直为后世所传诵。

伯牙鼓琴，钟子期在一旁听着。伯牙志在泰山，钟子期说："善哉乎鼓琴！巍巍乎若泰山。"一会儿，伯牙又志在流水，钟子期说："善哉鼓琴，洋洋乎若流水。"钟子期死后，伯牙摔琴绝弦终身不再操琴，因为当世再也没有能听懂他的琴声的人了。

《琴操》等古书里也记载有伯牙学琴的故事：著名琴家成连先生是伯牙的老师，伯牙跟成连学了三年琴却没有太大的长进。成连说自己只能教弹琴技艺，而其师万子春更为高明，便带伯牙去东海找万子春请教提高的方法。可伯牙到了东海，并未见到万子春，只看见汹涌的波涛，幽深的山林和悲啼的群鸟。伯牙心中豁然一亮，操琴的水平更上了一层楼，于是创作了名曲《水仙操》。

其实，还有一首名曲也是这个传说的作品，那就是更加广为人知的《高山流水》。

《高山流水》的乐谱最早见于明代《神奇秘谱》（成书于 1425 年）。此谱之《高山》、《流水》解题有：“《高山》、《流水》二曲，本只一曲。初志在乎高山，言仁者乐山之意。后志在乎流水，言智者乐水之意。至唐分为两曲，不分段数。后来分高山为四段，流水为八段。”两千多年来，《高山》、《流水》这两首著名的古琴曲与伯牙鼓琴遇知音的故事一起在人民中间广泛流传。

听琴图

“春雷”琴失而复得

北宋时，宋徽宗赵佶非常爱琴。他收藏着一张名叫“春雷”的古琴堪称无价之宝。有一张流传至今的古画《听琴图》上画的就是赵佶在松下弹琴。图中赵佶穿玄色袍，所弹为一仲尼式琴，很有可能是“春雷”的原型。

金灭北宋后，金人将掠夺的宋宫珍宝运往燕京。“春雷”琴也随之来到了北京，成为了金帝宫中的第一琴，并且被收藏于承华殿中。金章宗死后，以此琴陪葬。

“春雷”在地下埋了十八年后又复出于世间，成为了元代宫中的珍宝。后来“春雷”琴被赏赐给了元朝丞相大琴家耶律楚材。耶律楚材曾将其赠予老师万松老人。以后，“春雷”琴又复归耶律楚材之子耶律铸。

明朝时，“春雷”传入明宫之中。到了清朝，“春雷”琴流传到裕亲王府中。以后，该琴又为满洲大琴家佛诗梦所得。后来，佛诗梦又将“春雷”琴传给了他的入室弟子——北京大琴家汪孟舒。从此这张古琴就成了汪氏的传家之宝。现在，“春雷”琴被北京琴家郑珉中收藏。

那么，这张春雷琴究竟“宝”在何处呢？

“春雷”琴是唐代制琴家雷威制造的。古人有“唐琴第一推雷公，蜀中九雷独称雄”的话。在传世古琴之中以唐琴最为珍贵；在唐琴之中以雷公琴最为珍贵。在唐代蜀中雷氏家族中以雷威成就最大。雷威一生所制之琴，又以“春雷”为高。宋徽宗赵佶在宣和内府曾专门设有“万琴堂”搜罗流传天下的古琴，春雷在万琴堂中名列第一品。由此可见，“春雷”确实是无价之宝。

蔡文姬与胡笳十八拍

蔡邕是东汉末年的一个大名士，因事死于狱中。蔡邕膝下无子，只有文姬一个女儿。文姬，名琰，自幼聪颖过人，博学多才，尤其在文学和音律方面更是出众，是个出了名的才女。父亲死于狱中以后，文姬孤苦无靠，只好跟着难民到处逃亡。有一天，文姬在逃难中正好碰上匈奴兵，被其掠去。从此，她流落匈奴成了左贤王的夫人。

左贤王很宠爱文姬，夫妻感情很好。蔡文姬在南匈奴一住十二年，生有两个孩子，但是仍然十分思念故乡。她靠着自己的音乐天赋创作了《胡笳十八拍》，并且经常演奏，借以抒发自己的思乡之情。琴曲中有《大胡笳》、

蔡邕像

《小胡笳》、《胡笳十八拍》琴歌等版本。曲调虽然各有不同，但都反映了蔡文姬思念故乡而又不忍骨肉分离的极端矛盾的痛苦心情。音乐委婉悲伤，撕裂肝肠。

曹操派朝臣周近出使南匈奴并赎迎文姬。文姬经过激烈的思想斗争，洒泪与左贤王和两个孩子告别后踏上了归乡的道路。经过长途跋涉，数月之后，她终于回到了曹操的大本营邺城。

这就是文姬归汉的故事。

那么，胡笳是什么乐器呢？

笳，出于西北民族地区，汉时传入中原。“鸣笳以和箫声”，最初是“卷芦叶为笳，吹之以乐”，后在形制上有所变化，将芦叶制成的哨插入管中，就成了管制的双簧乐器。它形似筚篥，是汉代鼓乐中的主要乐器。

笳有相当的表现力，“刚柔待用，五音迭进”。胡笳就是胡地的笳，在汉时流行于塞北和西域游牧民族

唐代宫乐图

中。胡笳善于表现凄怆、哀怨的情感，富有悠远的穿透力，很符合那些边远游牧民族英勇强悍的个性及牧马吹奏的特色。

在汉魏历史上流传有不少运用笳声作战的故事。历史上也有不少有关笳的文章，蔡文姬的《胡笳十八拍》更为笳添加了一种感伤而诱人的神韵。

工尺谱简介

我国现在大多用五线谱写谱，而前些年我国最流行的是简谱，那么在古代我国是用什么记谱的呢?

在我国古代，记谱的方式是工尺谱。在古代，词、曲、戏曲等音乐都是用工尺谱记谱的。工尺谱是什么呢？它是一种以音高符号为“工、尺”等字而得名的一种记谱形式。

工尺谱最晚于晚唐五代产生。其音高符号属于首调唱名法（当然也有用固定唱名法的），如“上（‘1’）、尺（‘2’）、工（‘3’）、凡（‘4’）、六（‘5’）、五（‘6’）、乙（‘7’）等等”。它的调号以上字调（降 B)、尺字调(C)、小工调 (D)、凡字调（降 E)、六字调 (F)、五字调（正宫调 G)、乙字调 (A) 等为标记，其中以小工调、正宫调、尺字调、乙字调最常用。

工尺谱的节奏符号称为板眼。一般板代表强拍，眼代表弱拍，共有散板、流水板、一板一眼、一板三眼、加赠板的一板三眼等形式。散板就是自由节奏；流水板是每拍都用板来记写，一般是 1/4 的节奏；一板一眼就是一个板与一个眼合成 2/4 的节拍；一板三眼就是一个板和三个眼合成的 4/4 节拍；加赠板的一板三眼只有在昆曲的南曲中才有，大致相当于 4/2 节拍。

这种记谱法到清乾隆、嘉庆年间发展到极至，出现用工尺谱记写的管弦乐合奏总谱——《弦索备考》，即著名的《弦索十三套》。

弦索十三套

弦索是什么？

弦索是以弦乐器为主的管弦乐合奏的通称。

弦索十三套又是什么？

弦索十三套指的是弦索的一种合奏的音乐，共有十三套乐曲，故名弦索十三套。

早在明代时，北方就曾经流行过一种“弦索”，其乐器有提琴（与元代胡琴相似，二弦，用獾毛做的弓拉奏）、火不思、兔儿味瑟（与筝相似的弹拨乐器）、 机（近似于轧筝的拉弦乐器）等等。当时也流行于北方汉族人民中，演奏曲有《梁州古调》等。同时还用作北京小曲等歌曲的伴奏。

这种弦索到了清代初年进一步发展，除了前述乐器，还添加了笙、管、笛、箫等吹奏乐器和云锣、拍板等打击乐器。这种器乐合奏在清代宫廷演奏时，称为“番部合奏”，共有十五人。

镶螺钿琵琶

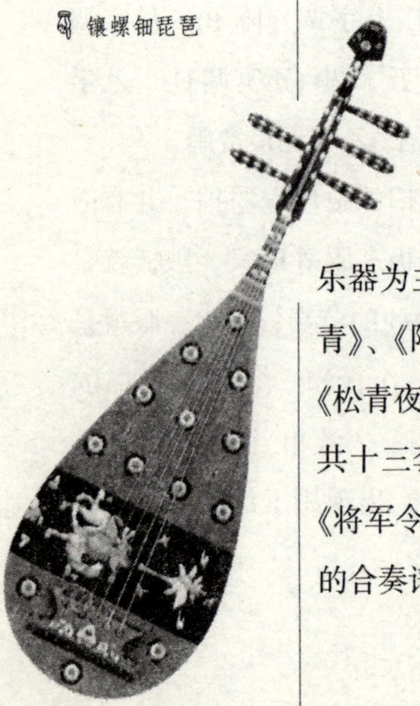

而弦索十三套则在清乾隆、嘉庆时代以前就已流行，后来蒙古文人荣斋进对其进行收集整理，于1814年完成并取名《弦索备考》。

弦索十三套，以琵琶、三弦、胡琴、筝等弦乐器为主，曲有《十六板》、《琴音板》、《月儿高》、《海青》、《阳关三叠》、《清音串》、《平韵串》、《琴音月儿高》、《松青夜游》、《合欢令》、《将军令》、《普庵咒》、《舞名马》共十三套乐谱，其中以《十六板》最难。《合欢令》和《将军令》两套为筝谱，其余均为胡琴、琵琶、三弦和筝的合奏谱。

书法概说

中国的书法是一种独具特色的艺术门类。它不仅是表达观念的符号，更是表情达意的形态。

中国书法以毛笔、宣纸、墨和石砚为工具。书写者使用毛笔蘸取在砚台中磨研适度的墨汁在宣纸上书写。

中国书法起源于汉字，而象形则是汉字最基本、最重要的特征。它与绘画一样是以客观物象为依据生发出来的，因而中国书法与中国传统绘画有着一种血脉相通的联系。

书法不仅统领中国绘画，使之在世界上具有悠久历史和广泛传播；同时，书法还与文学诗歌、篆刻造型、音乐舞蹈等中华民族姊妹文化有着无法斩断的亲密关系。

书法不仅是一种表现性艺术，通过作品将书法家个人的生活感受、学识、修养、个性及情趣爱好等折射出来，

半坡刻画符号

即“字如其人”或“书为心画”，书法还是一种实用性艺术，常被用于题辞、牌匾。

由此可见，书法实际上是一种综合性艺术，是更倾向于表现主观精神的艺术。数千年的悠久历史使中国书法自甲骨文与金文开始，经过一系列演变，形成篆书、隶书、行书、楷书、草书等不同体式，出现了王羲之、王献之、欧阳询、颜真卿、柳公权、怀素、黄庭坚等众多杰出的书法家，形成不同流派并在不同朝代各领风骚，将中国书法艺术发展至炉火纯青的高度。

“苏黄米蔡”的“蔡”是谁

书法史上论及宋代书法，素有“苏、黄、米、蔡”四大书法家的说法。他们四人被认为是宋代书法风格的典型代表。“四家”中，前三家分别指苏轼、黄庭坚和米芾。从书法风格上看，苏轼丰腴跌宕，天真烂漫；黄庭坚纵横拗崛，昂藏郁拔；米芾俊迈豪放，沉着痛快。他们都善学古人又富于创新精神，书风自成一格，时人推崇备至，列于四家，向无异议。

但是，列于四家之末的“蔡”究竟指谁，历来就有争议。

一般认为，所谓“蔡”是指蔡襄。蔡襄，字君漠，他的书法取法晋唐，讲究古意与法度。正楷端庄沉着，行书淳淡婉美，草书参用飞白法，谓之“散草”，自成一体，非常精妙。苏东坡在《东坡题跋》中就说过：“独蔡君谟天资既高，积学深至，心手相应，变态无穷，遂为本朝第一。”

蔡襄《自书谢表》(局部)

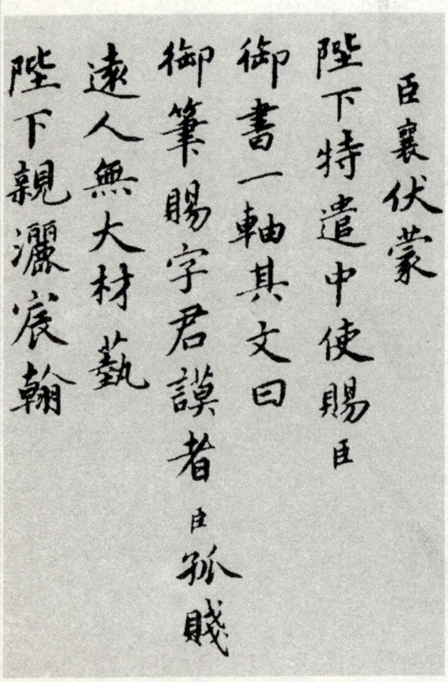

既然是“本朝第一”，列于四家应是当之无愧的。然而，明清以来又有另一种说法：认为从四家的排列次序及书风的时代特色来说“蔡”原本是指蔡京，只是后人厌恶其为人，才以蔡襄取代了他。

蔡京的书法艺术有姿媚豪健、痛快沉着的特点，与保持着较多“古法”的蔡襄相比，蔡京的书法似乎更富有新意，也更能体现宋代“尚意”的书法美学情趣。因而在当时已享有盛誉，朝野上庶学其书者甚多。蔡襄的书法在北宋前期被推为“本朝第一”，但自北宋中期宋代书法新风貌形成后，人们对蔡襄书法渐有微词。而且从排列次序看，苏、黄、米三家的排列有明显的年辈次序，蔡襄是仁宗时人，年辈最高，列于哲宗、徽宗时的米芾之后确有些疑问。

还有人说，苏黄米蔡的排列仅为读音上的顺口而形成，与四大家的年辈高下并无关系。次序应是蔡、苏、米、黄，但如读为苏、黄、米、蔡，正好是阴平阳平上声去声的顺序，很好读就成了习惯。看来，这“蔡”到底是哪个“蔡”，还会继续争论下去的。

难得糊涂

如果问在中国的现代社会里，哪个书法作品的影响最大，恐怕除了毛泽东的书法作品之外，就要属郑板桥的“难得糊涂”了。

“难得糊涂”是郑板桥在潍县做县令时写的，他还题过几幅著名的匾额，如“吃亏是福”等等，但其中最为脍炙人口的还是“难得糊涂”。

据说，“难得糊涂”这四个字是在莱州的文峰山写的。莱州在潍县西北，背临大海，城的东南有云峰山，山上有很多历代的碑刻，是文人雅士们赏玩书法、游历春山的好去处。

有一年，板桥专程去云峰山观摩“郑文公碑”，因为在山上盘桓得太晚了，不得已借宿在山间的一间茅屋里。茅屋的主人是一个儒雅老翁，自称是“糊涂老人”，仙风道骨，出语不俗。在他的室中，有一个方桌面般大小

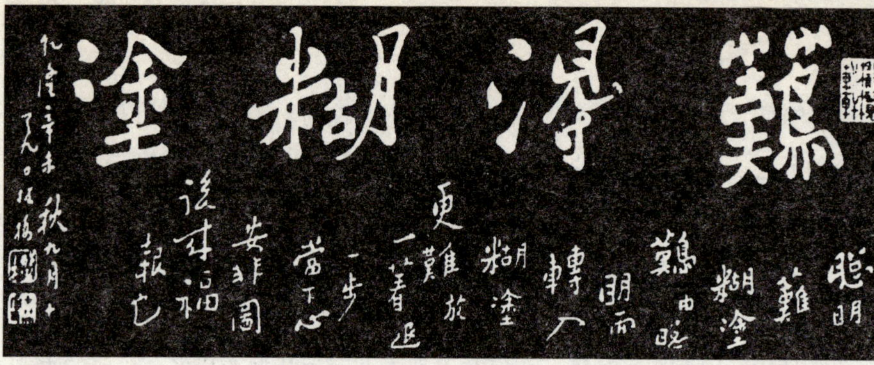

郑板桥《难得糊涂》

的砚台，石质细腻，镂刻精良，板桥一观之下，大呼“大开眼界”。

郑板桥通了名，老人一听是本县太爷，又是书画名家，就请郑板桥题字，以便镌于砚背。郑板桥知道老人必有来历，便题了“难得糊涂”四个字，用了“康熙秀才雍正举人乾隆进士”的印。

但这块砚石实在是太大了，字写完尚有余地，郑板桥说，老先生应当写一段跋语。老人欣然写了“得美石难，得顽石尤难，由美石而转入顽石更难。美于中，顽于外，藏野人之庐，不入富贵之门也”。写完，老人也用了一方印，板桥一看，印上的字是“院试第一乡试第二殿试第三”。板桥大惊，知道是一位退隐的官员。当下见石砚上还有空隙，就又补写了一段：“聪明难，糊涂尤难，由聪明而转入糊涂更难。放一着，退一步，当下心安，非图后来福报也。”

老人见了，大笑不止。于是，这著名的四个字连同后面的题跋就这样流传下来了。

六分半书

郑板桥是清代的大书画家，诗、书、画、印，并称“四绝”。据说，他早年练习书法，昼夜不断，几乎成了书痴。无论做什么，只要想起书法，就会不知不觉地用手指比画起来。

每到晚上睡不着觉时，他就用手在被子上画啊画的，想着古人书法中的妙处。可是就因为这样，他总是陷在古人的窠臼里出不来。有一天夜间，他又想书法想得出了神，在被子上画的手误画到夫人徐氏的体肤上去了。徐氏醒后，说：“人都有自己的体（身体），你的体是你的体，你弄我的体干什么？”这句话深深地触动了郑板桥：是啊，古人有古人的体，何必死学古人。于是他从古人的书体中学一半，撇一半，创立了“六分半书”。

郑板桥的墨迹

“六分半书”即谓此体比古代之八分书体尚欠一分半。在楷书中杂以篆隶，参以画法，波磔之中往往有石文、兰叶。将画法参入书法，其字隶楷参半，极瘦硬多姿，古秀绝伦，别具一格，飘逸绝俗，甚得气韵生动之致。

郑板桥留下了一批“判词”，这是他生前万万没有到的。由于他的书法精妙，他在潍县当县令时所留下的只语片言均被收罗，当作至宝。县官的主要职责之一是审理上告的种种案件，作出判词，书于状纸。多年以后，有心者将状纸毁了，仅仅留下判词，汇为册页，作为书法精品辗转相传。

有趣的是，从这些“判词”中可以看出很多郑板桥当年处理的社会问题，如男女婚嫁纠纷啊、斗殴偷盗啊、继承债务啊等等。

有一份“判词”说：“既据患病三月，耽误子弟，亦在所不免。但斯文体统，非可斤斤计较，应彼此看破。”看来这是东家告塾师的状子，判词显然在袒护生病的塾师。

又有一则“判词”说：“郎氏因无嗣而嫁，又有母家主婚，便非苟合。明系不得分财礼，借词渎控。于是驳回。”显然这是在袒护一个再嫁的寡妇。这符合郑板桥的一贯性格。

还有一则说：“尔有钱粮四两七钱，非贫士可知。听学生按季自送，何得借完粮名色横索？”告状的是位秀才，大概有点势力吧，月入四两七钱，犹称贫士。板桥讥笑了他，又劝诫了他。

还有一则：“既据有地二顷五十亩，尚谓之穷乎？不准。”判词寥寥数字，把富人贪婪形象，刻画得入木三分。

书画同源

我国古代有许多书画家，都承认“书画同源”之说。最早发现这个道理的是谁？是元代大画家兼书法家赵孟頫。他在一幅流传至今的名画上题诗道：

赵孟頫《人骑图》(局部)

石如飞白木如籀，
写竹还应八法通。
若也有人能会此，
须知书画本来同。

在这里，赵孟頫强调的是：中国绘画应以“写”代“描”，以书法的笔法画画。

中国的书画不同于西洋各国。而中国传统的绘画和书法却有很多相同之处，甚至于写中国字和画中国画，在用笔的方法上，简直如出一辙。中国人写字与绘画的“文房四宝”完全一样，文人又常在舞文弄墨之余作画，自然把书法的用笔带入画中。

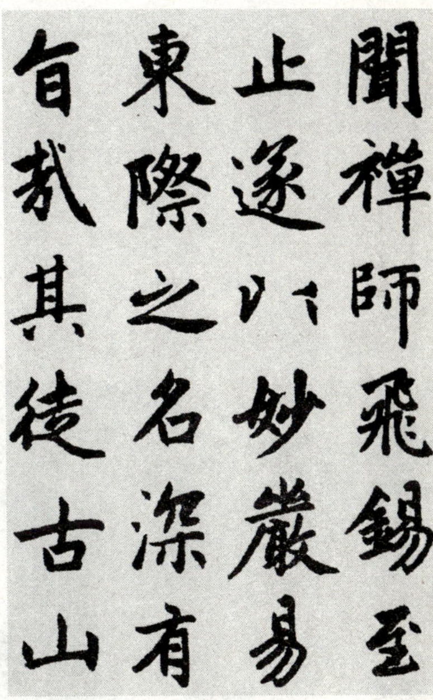

赵孟頫《妙严寺记》(局部)

距今六七千年前新石器时代画在陶器上的图画，如鱼、蛙、鹿、鸟、花叶、舞蹈等，是中国最早的绘画作品。最早的象形文字就是用线条画成的一幅幅小画，后来才演变为现在使用的汉字。正因为绘画和写字都用同样的工具，并且都是以线条为主，故有“书画同源”之说。

这就使中国画具有了一个突出的特点：画上题诗或题字，使诗、书、画汇合成一个艺术整体，给人以更加丰富的美的享受。

自从书画相会后，中国画就发生了根本变化，变得更加抽象、深沉，其主要代表就是文人画。笔墨的力度美、韵律美、拙重美以及它无限的造型能力和宽阔的韵域，自古就为文人所喜爱。很难想象不用笔墨或不讲笔墨的中国画是什么样子的。笔墨不只是一种技能，更是一种精神。这种精神的载体，就是“书画同源”的中国文人画。

吴道子与李思训

吴道子和李思训都是唐代著名的大画家。

据说，唐玄宗有一次命他们两个人在大同殿的墙上一同画嘉陵江的山水，一同去实地考察。回来时，李思训画了很多画稿，而吴道子却两手空空。唐玄宗问吴道子："你的画稿呢？"吴道子笑着说："都画在我肚子里了。"

结果，吴道子一天就画了嘉陵江三百多里的山水，而李思训却花了一个月的时间才画完。观看的人无不惊叹。

后来，安史之乱起，唐玄宗避难四川，在路过嘉陵江时回想起吴道子的画，果然和真山水风貌相差无二。

当然，这么说绝不是扬吴贬李，吴道子和李思训只是画风和画法不一样，他们都是我国唐代著名的大画家。

那吴道子和李思训各自有什么风格和特点呢？

吴道子《维摩诘像》（局部）

吴道子是古代画家中最享盛名的一个。一千多年来他被奉为"画圣"，又被奉为民间画工的"祖师"，而为人们众所周知。他是阳翟（今河南禹县）人，自幼丧父。他擅画佛道人物，远师南朝梁的张僧繇，近学张孝师，笔迹磊落，势状雄峻，生动而有立体感。他曾经在长安、洛阳等地寺观画了三百多间房的佛道宗教壁画，形状各不相同。他所画人物善用柔和的线条表现衣褶，看上去衣带有飘举之势，人称"吴带当风"。

李思训是唐朝的宗室，擅长山水画，因为曾任左武卫大将军之职，所以人们称他为“大李将军”。他全家有五个著名的画家：其弟李思诲、思诲的儿子李林甫、李林甫之侄李凑和李思训的儿子李昭道。

李昭道始创描写海的图画，因他父亲的名声而被称为“小李将军”。

诗中有画，画中有诗

据说，有一次宋代大文学家秦观得了肠胃病，有位朋友特意捧着唐代大诗人王维的名画《辋川图》给他，说：“你看了这画，病就会好了。”

王维《江干雪霁图》(局部)

秦观病了几天，心绪沉闷，听了朋友的劝告，就每天观赏这幅山水名作。看着看着，仿佛来到了山谷郁郁、水逝云飞的辋川，呼吸着清新的空气，感觉着大自然的气息，心情慢慢的开朗了，肠胃病很快痊愈了。

王维的画怎么会有这么大的魔力呢？

王维（701 年～761 年）是唐代的大诗人、大画家。他字摩诘，山西人，是开元年间的进士，累官至给事中。在安史之乱中安禄山军陷长安时他曾经受过伪官职。在安史之乱被平后他因此被降为太子中允。后官至尚书右丞，世称“王右丞”。

他崇信佛教，性喜山水。其诗多以

山水田园为内容，状物传神，精深入微。晚年他隐居在蓝田县的辋川，所作的诗歌大多反映隐逸生活及谈禅说佛。

王维精通音乐，工书法，精绘画。他擅于画“平远”的风景且喜欢用“破墨”画山水松石。他画的《辋川图》山谷郁盘，云水飞动，笔力雄浑。北宋的文学家苏轼称赞他“味摩诘之诗，诗中有画；观摩诘之画，画中有诗”。

王维在画史上有很重要的地位，他的“不衣文采”的创作思想对后世文人画影响甚大。明代大书法家董其昌把他推崇为山水画的“南宗”之祖并谓“文人之画，自王右丞始”。也就是说王维对后世文人画的形成和发扬光大起到了重要的作用。

宋徽宗出题考画官

赵佶《芙蓉锦鸡图》(局部)

宋徽宗赵佶虽然是一位昏庸的皇帝，但又是一位杰出的画家。他以万乘之尊，亲自主管画院，给画师们出题、批卷，还亲自授课。他由于有深厚的文学功底，所出考题也是情趣盎然，至今仍为人们所称道。其中，“竹锁桥边卖酒家”就是著名的试题之一。

当时众多的考生都画了一个酒店，并以小溪流水，野渡小桥，竹林清风等借以衬托，惟有一名叫李唐的画家画了一泓溪水，小桥横卧，桥边则是一片竹林，惟有那郁郁葱葱的翠竹中

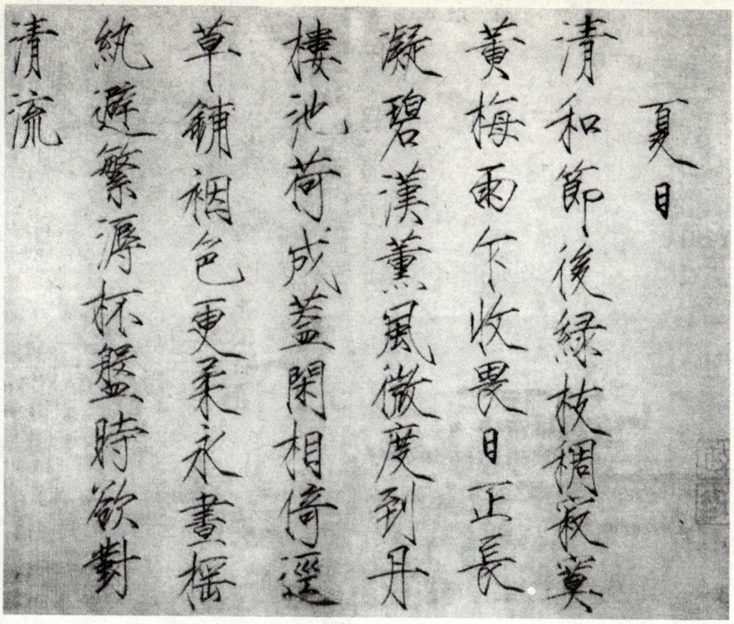

赵佶《夏日》诗帖

挂着一幅迎风招展的“酒”帘。

赵佶观后大悦，他认为酒家不出现，而以酒帘点出“锁”字的意境，正是深得画中三昧的表现，于是亲自圈点李唐为第一名。李唐也不负他，进画院后继续勤奋作画，终于成为宋朝承上启下、开宗立派的著名画家。

政和年间，赵佶以“野渡无人舟自横”为题来考画师，此句来于唐朝诗人韦应物的名诗《滁州西涧》。应试者大多画一空舟系于涧边，或画一鹭鸶立在船上，或画一鸟落于船竿。但是受到赵佶赏识的画却是画中一舟人，卧于舟尾，手握一支笛子……原来作者其意不在舟中无人，而是说明此野水无人过渡，连摆舟之人也不无聊吹笛竟也打起瞌睡来。

还有一个独具匠心而被广为传颂的“踏花归去马蹄香”的考题。考生们几乎都在画马画花、达官显贵、文人仕女，穿梭于花丛之中。惟独有一幅画：一匹骏马缓步走来，几只小小的蜜蜂在追逐着马蹄。画面上既表现了“踏花归去”，又表达了“马蹄香”。这就是作者的巧妙构思，故而理所当然地被评为第一名。

还有一个广为人知的题目就是“深山藏古寺”。众考生有的画树丛中露一寺顶；有的在半山腰画一半古寺；有的则干脆画一寺在山中。只有一幅构思奇特的画被赵佶定为第一名。画面上只有山水和一条羊肠小路，还有一个老和尚在溪边挑水。这幅画的高明之处就是把考题的“藏”字表现得淋漓尽致。

版画

中国的壁画有一个现象，就是自北宋开始宗教壁画开始衰落了，但这并非是宗教的衰落，只是宗教的宣传工具由壁画让位于版画了。

也就是说，从北宋开始版画真正在中国的绘画史上占有一席之地了。

最初的雕版印刷与宗教有很大关系。在晋代，人们入山时身上都佩带一块四寸长的本板，上面雕了一百二

版画英雄谱

十个字的咒语作为护身符吓唬鬼怪和野兽。这种作为经咒护符的印板如果沾上墨压在纸上，就是民间所用的符咒，这就是中国早期的雕版印刷。

这些民间的符咒不是道教的，就是佛教的。于是从宗教中产生了四大发明中的一种——印刷术。

中国古代发明的印刷术是中国对于世界文化的重要贡献之一。版画艺术是雕版印刷的一个重要方面，曾以多种形式深深植根于人民生活中，千余年来成为文化、美术的有力的普及工具。

版画最早也是以佛教画的形式登上历史舞台的，主要是经卷中的佛像画。

版画艺术包括书籍的插图、年画及其他节令风俗画以及独幅的风俗画等。版画艺术密切联系着人民生活及其需要的优良传统。这些都可以从版画和雕版印刷悠久的历史发展中得到说明。

乾隆帝御笔《狮子林》跋（局部）

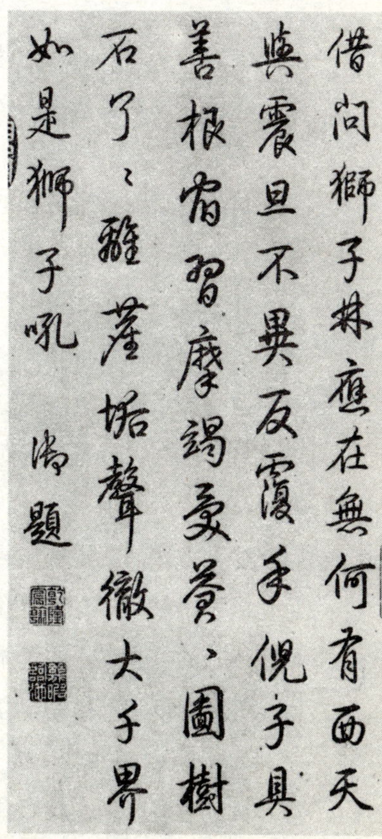

顺治皇帝的绘画绝活儿

清朝入关后第一代皇帝清世祖福临顺治是一位书画俱妙的皇帝。有一次清世祖驾临内阁，当时担任中书官职的盛际斯赶忙跪迎。清世祖灵机一动，让盛际斯往自己跟前跪，仔细观察了一会，然后提笔画了一幅盛际斯像。画像只有铜钱大小，但胡须、眉毛也都一一画出，而且酷似真人。旁边的臣子看到后都啧啧称赞。

清代除顺治之外，康熙、乾隆等皇帝都以精于翰墨而为世人称道。清朝统治者不仅重视武治更重视文治。清人入关以前，汉化的程度就比较高，这不同于以往少数民族入主中原的情况，他们的上层能够很快适应中国传统的政治模式与文化理念。入关以后，清王朝的统治集团迅速清除了尚存的部落军事联盟的遗迹，基本上全盘接受了明朝的政治体制，并逐渐强化了君主专制。

在思想文化方面，清王朝的控制尤为强烈。统治者为了获得汉族士大夫的支持，也出于自身利益的需要，他们承认中国传统文化尤其是儒学的正统地位，并以这种文化的继承者自居，最大限度地吸收汉文化中先进的一面。这是清朝以异族入主中原而维持了三百多年统治的原因之一。

九九消寒图

……童儿报道好大雪，望长空似柳絮飞扬还未住；老祖闻听慌张了，提笔错绘九九图。

这是一首流行于清代的“岔曲”，写的是冬天下雪的情况。那么，曲中的“九九图”又是什么呢？

原来，在清代道光初年有一年的冬天非常冷，连道光皇帝都冷得不想出门，可久在深宫也很无聊，于是他亲手绘制了一幅《九九消寒图》，其实就是“亭前垂柳珍重待春风”九个双钩空心字。每个字都是九画，九个字共九九八十一画。道光皇帝便让大臣们逐日描红填写，数九尽了，整张纸正好写完。

这种方法消磨了难熬的冬日，又很有文学性，立刻风行于民间，又逐渐衍化出了很多种：有作“春前庭柏风送香盈室”的，也有作“雁南飞柳芽茂便是春”的。这些字的繁体都是九画，合起来共八十一画。每天用红笔描一画，等到九个字都描完，春天便来临了。还有的人创作九体对联，每联九个字，每个字也是九画，如“枯城秋荒屏栏树枯荣、庭院春幽挟苍草重茵”等。读到这些文句，我们真不能不佩服古人对语言文字掌握的功底之深。

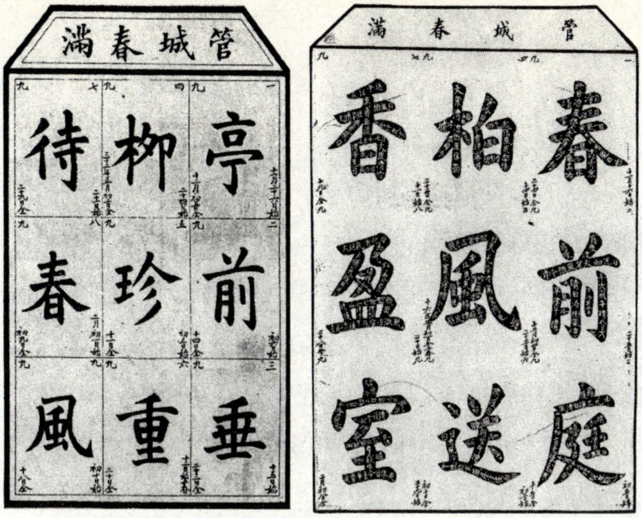

清代宫廷中盛行《九九消寒图》

还有的《消寒图》则是真正的“图”。有的画一枝素梅，共画八十一朵梅花，把画挂在墙上，每天用红笔涂一朵，涂完，便是冬尽春来了。在一般百姓中，则是画圆圈的，就是在一张纸上印上九九八十一个圆圈，写好日期，每天依序在一个圆圈里记下天气好坏。如果是阴天就把上半个圆圈涂黑，晴天就把下半个圆圈涂黑，下雪则在当中点一点。所谓“上阴下晴左风右雨雪当中”就已经完全是纯粹的消遣了。直到现在，还有老人一到冬天就愿意画这个玩呢。

过去，市上专门有卖刻印的消寒图，图的两边印着一副对联：“但看图中梅黑黑，便是门外草青青。”九九数完，就已经是第二年春分，到了春暖花开的时候了。

类似的风俗在明代就有，明代的官府司礼监还印制了“九九消寒诗图”，每九天四句诗从“一九初寒方是冬”起至“日月星辰不住忙”为止。但这种叫“九九图”的东西与我们后来所说的九九图明显不是一种东西。

印章名称的变迁

广陵王玺

印章最早不叫印章，它的名称变化也是一个很有意思的现象。

秦代以前，无论官印还是私印，都叫“玺”，也叫作“钤”。在秦始皇统一六国后，为了体现皇帝的至高无上，规定只有皇帝的印章才能叫“玺”，也就是后来章回小说中常提到的“传国玉玺”。而大臣、平民的印章只能叫“印”。汉代也有诸侯王、王太后的印章称为“玺”的，平民的还是叫“印”。一直到唐代，武则天觉得“玺”和“死”同音，就改“玺”为“宝”。但武则天一死，就又改回了“玺”。从唐代一直到清代，皇帝的印章就一直叫“玺”了。

印章最早叫“章”的，是汉代的将军印。历代人民对印章的习惯称呼有“印章”、“印信”、“记”、“朱记”、“合同”、“关防”、“图章”、“符”、“契”、“押”、“戳子”等各种称呼。

古代玺印是怎样流传下来的

传世的古代玺印多数出于古城废墟、河流和古墓中。古代战争频繁，传世的古代玺印有的是战争中战败

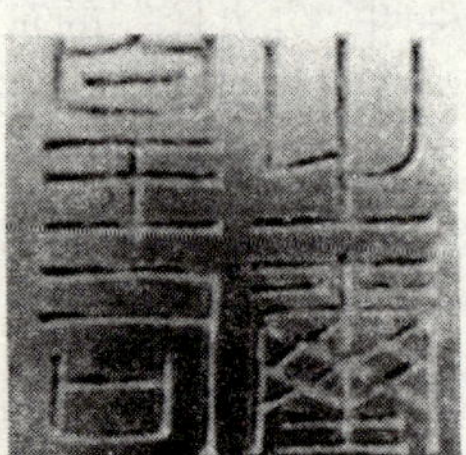

“皇后之玺”印文

者流亡时所遗弃，也有在战争中殉职者遗弃在战场上的。依照当时的惯例，凡在战场上虏获的印章必须上交，而官吏迁职、死后也须将印上交，因为玺印在当时代表着权

力和职位。

还有一些传世玺印是官职连姓名的还有的是吉语印、肖形印等，这些印一般都是殉葬之物，而不是实际生活中的用品。

其他在战国时代的陶器和标准量器上以及有些诸侯国的金币上，都用印章盖上名称和记录制造工匠的名姓或图记性质的符号，也被流传下来。

古代的“画押”与“封泥”

在古典小说中，我们经常能看见某人在信上或什么东西上用了“画押”的说法，那么，这种用于凭证的“画押”是什么样的呢？

画押印又称“押字”，兴于宋，盛于元，故又称“元押”。元押多为长方形，一般上刻楷书姓氏，下刻八思巴文或花押。从实用意义上说历代印章大都有防奸辨伪的作用，作为个人任意书写变化出来的“押字”（有些已不是一种文字，只作为个人专用记号）就更难以模仿，从而达到防伪的效果。因而这种押字一直沿用到明清时代。

汉代“齐官司函”封泥

古代还有一种“封泥”，又叫做“泥封”，它不是印章，而是古代用印的遗迹，即盖有古代印章的干燥坚硬的泥团，从而保留下来的珍贵实物。由于原印是阴文，钤在泥上便成了阳文，其边为泥面，所以形成四周不等的宽边。封泥的使用自战国直至汉魏，直到晋以后纸张、绢帛逐渐代替了竹木简书信的来往后才有可能不使用封泥。后世的篆刻家从这些珍贵的封泥拓片中得到借鉴，用以入印，从而扩大了篆刻艺术取法的范围。

古印的钮制

古代的玺印大多有钮，以便在钮上穿孔系绶并系在腰带上，这就是古代的“佩印”方式。自汉代开始，以龟、驼、马等印钮来分别帝王百官。例如高级官吏使用龟钮，驼钮、蛇钮则是汉魏晋时授予兄弟民族等官印常见的钮制。历代钮制形式都很丰富，其中以坛钮、鼻钮、复斗钮最为常见。

西晋镇南将军金印

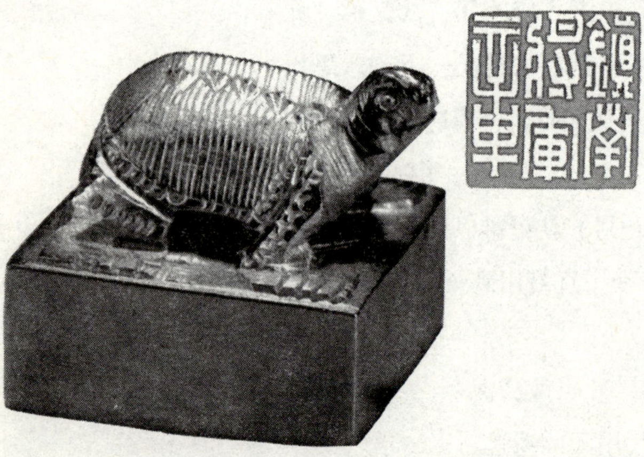

西晋直成公金印

纸的历史

纸是中国古代四大发明之一，曾经为历史上的文化传播立下了卓著功勋。即使在机制纸盛行的现在，某些传统的手工纸依然有着不可替代的作用，焕发着独有的光彩。古纸在留传下来的古书画中尚能一窥其貌。

蔡伦像

在纸张发明之前的很长一段时间内，人们是采用什么来作为记事材料的呢？

最早的人们是采用结绳来记事的，遇事打个结，绳子上有几个结就是还有几件事没办。

后来人们又在龟甲兽骨上刻辞，这就是所谓的“甲骨文”。在青铜产生以后，人们又在青铜器上铸刻铭文，就是“金文”或“钟鼎文”。将字写在用竹、木削成的片上，称“简”或“牍”。后来还发现了刻于石头上的文字，比

造纸流程图

如著名的“石鼓文”。

一般人们皆知纸是在东汉由蔡伦发明的。中国是最早发明造纸术的国家，早在一千多年前的东汉时期就由蔡伦发明了造纸术。

宣纸是我国古人在文化活动中使用得最多的纸，那宣纸又是怎么造出来的呢?

相传蔡伦的学生孔丹以造纸为生，他很想制造出一种上好的纸来供画家画画，但试验很多次效果都不理想。一次他偶然间见到有些檀树倒在山涧旁，因为长时间受涧水浸泡已腐蚀而发白，便想以此树皮的纤维来造纸。经过多次的试验终于造出了宣纸。

宣纸的制作工艺非常复杂，工序多达上百道，有时从进料到出成品甚至需要花费一两年的工夫。

宣纸按加工的方法可分为生宣、熟宣和半生熟宣三种。宣纸按用料配比不同又分为棉料、净皮、特种净皮三类。一般来说，画家画写意画的时候习惯于用生宣，画工笔画时习惯于用熟宣。

1915 年，宣纸还在巴拿马万国博览会上得过金奖。

衣食住行

财神是谁

过年是如此的喜庆繁忙，但是一过大年初一，接下来一切活动都要为一个最重要的活动让路，这就是“接

清代年画中的财神

财神”：在正月初四——财神生日的前一天晚上，置办酒席为财神贺辰。

“接财神”的习俗盛行于明、清、民国，又流传民间，那么，财神到底是谁呢？

根据《封神榜》所载，财神姓赵名公明。他原在峨眉山罗浮洞修道，姜子牙辅佐周武王伐纣，他跑下终南山管闲事，站在商纣一边对抗义师，后来阵亡。一道游魂被敕封为“金龙如意正一龙虎玄坛真君之神”，并统领“招宝天尊”、“纳珍天尊”、“招财使者”、“利市仙官”四个部下。他们的职责都与财有关。

道教供奉的财神也是赵公明。根据道教传说，赵公明本为终南山人，自秦时就隐居深山，精修至道。功成之后，玉皇大帝封他为“正一玄坛元帅”，简称“赵玄坛”。

旧时在财神庙和各家各户所供的财神，相貌颇凶，乌面浓须，怒睁圆眼，头戴铁冠，一手执钢鞭，一手捧元宝，身下还跨有黑虎，故又有“黑虎玄坛”之称。

过去，财神还有文武之分，崇文的人家供奉文财神，尚武的人家供奉武财神。据一般民俗认为文财神是商代的贤相比干。

关于财神，还有另一个说法：宋朝蔡京富有，民间传说他是财神降生。后来蔡京被贬，老百姓就另换了一个财神。因为当时宋朝的国姓为赵，所以就给财神起了一个赵玄坛的名字。

虽然财神有这么多，但是每年初五接财神，还是赵玄坛最受尊重。清代与民国时期，许多商店、住宅供奉的都是他的木版印刷神像。

龚自珍“接玉皇”写出名诗

在1839年，也就是在鸦片战争的前一年，清代著名文学家龚自珍南下路过镇江见到当地正在祭祀玉皇大帝，以及“风神”、“雷神”等天界众神，场面非常地宏大而热闹。这时，一个道士认出了这位名满天下的文学家，要求他写一篇“青词”。青词就是一种专门用于祭祀主要尊神的文书，它有固定的格式，是道教文学的一种特殊体裁。龚自珍由此得到灵感，写下了近代文学史上的名篇《己亥杂诗》中最著名的那一首：

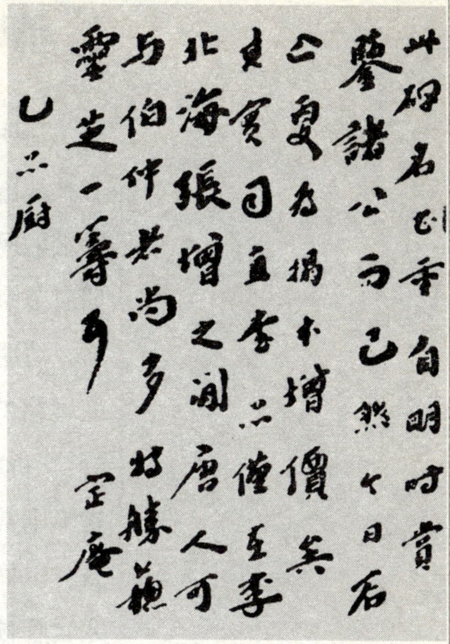

龚自珍《题跋》

九州生气恃风雷，
万马齐喑究可哀。
我劝天公重抖擞，
不拘一格降人才！

出于时代的呼唤，龚自珍大声呐喊“不拘一格降人才”成为清代文人学者大声疾呼要求改制的先声。但是也可以说，这是他从祭玉皇的宏大场面中得到的灵感。

在我国的传统文化与民俗中，玉皇大帝是天上至高无上的主宰、是至尊之神。对玉皇大帝的崇拜与祭祀永远是不可缺少的。

农历正月初九，传说是玉帝的生日，道观中按照惯例要举办隆重的法会以示庆贺。民间要结会烧香，称为玉皇会。玉皇会气势恢弘，热闹非常，但它的举办一般都在玉皇的神殿或以神殿为中心，很难成为所有老百姓的节日。对于绝大多数民众而言，在每年的除夕，都要有一年一度的“接玉皇”活动。据说，玉皇大帝每到除夕都要巡视天下，如果见到老百姓行善或造孽，就分别给予奖赏或惩罚。所以在那一天，家家户户都要摆香案并用素斋上供迎接玉皇御驾降临。这就是后来的“接玉皇”的风俗习惯。

清明趣谈

清明时逢阳春三月正是郊游的大好时光。在我国，从春秋战国开始就长期保持着清明踏青的习俗。著名画家张择端的风俗画《清明上河图》就极其生动地描绘了宋代清明时节京都人民踏青远足的热闹情景。

清明节正值仲春，春光明媚，桃红柳绿。在过去，家庭富裕的人家大多携带酒食到野外游玩赏春，称为“踏春”，祈求一年不生脚疾，踏青的风俗流传至今。在农村，这天则常用小米饭、豆饼、干饭喂马、骡、牛、驴等大牲畜，以犒赏其一年的辛劳，故有“打一千，骂一万，但等寒食管顿饭”之说。

清明节这天，家家户户都折柳条插在门框两边、窗上、梁上、床铺的席后面等地方，称“插柳”。旧有“清明不戴柳，来生变黄狗”的俗谚。农家老太太还有用柳条

☞ 清明扫墓上坟祭祀先人的情形

抽打墙壁、灶间、席后、床下的风俗，一边抽打一边念道："一年一个清明节，柳枝单打青帮蝎，白天不准门前过，夜里不准把人蛰。"这是认为插柳能顺阳气、迎吉祥、避邪祟，同时又有勉励人们珍惜光阴之意。

清明又是扫墓祭祖的日子，民间又称清明节为"鬼节"、"冥节"。历史上的中国人都有上坟的风俗。晚辈带着供品、烧纸、香等，扛着铁锨到自己的祖坟地，先将祭品供上，然后焚纸燃香，叩拜祭奠，最后给坟墓上添新土并在墓顶压上白纸条，叫"压坟头纸"。据说，这些都是表示在给祖先修屋以防夏天雨大漏水，以示对祖先的悼念。

为什么要在清明扫墓呢？这大概是因为冬去春来，草木萌生。人们想到了先人的坟茔是否有狐兔在穿穴打洞，会否因雨季来临而塌陷，所以要去亲临察看。一方面给坟墓添土除草；一方面供上祭品，烧些纸钱，表示对死者的怀念。

除了上述风俗之外，清明还盛行斗鸡的游戏。斗鸡由清明开始，斗到夏至为止。我国最早的斗鸡记录见于《左传》。到了唐代，斗鸡成风，不仅是民间斗鸡，连皇帝也参加斗鸡。

清明还有吃蛋的习俗，这如同端午节吃粽子和中秋吃月饼一样。清明节的蛋大致可分两种：一种是画蛋，另一种则是雕蛋。前者可吃，后者则供玩赏。

寒食赐火，清明扫墓，踏青郊游，打马球，放风筝，荡秋千，斗鸡，拔河……这些活动随着岁月的交替和社会的变迁，有的已被淘汰，有的仍遗留至今并被赋予了新的内容。

端午节

五月初五为端午节，又称端五、端阳，是我国民间传统三大节日之一，在全国各地都受到普遍的重视。

"端"就是开始的意思，每月有三个五日，头一个五日就是"端午"。

屈原像

按天干地支的排列，五月正是“午月”，所以后来的“端五”又常常写作“端午”，这一习惯在唐代得到确认。因为唐玄宗是八月初五的生日，为避讳正式把端五节改为端午节。又因为午时是阳气最旺的时刻，端午又可称为“端阳”。

在每年的端午节这一天，早晨各家门前要插艾、采药制的雄黄酒，表示驱灾避邪、攘毒去瘟。

端午节的起源说法不一，普遍的说法是为了纪念战国时楚国著名的爱国诗人屈原。屈原因忠心直谏被流放到江南，三年不被传见。这时，秦国出兵攻下了楚国的都城郢都，屈原极度悲愤，于公元前278年的五月初五这天，纵身跳入了汨罗江。

闻报而来的人们纷纷划船去打捞他的尸体，但是没有捞到。人们怕鱼吃掉他的尸体纷纷包粽子投入江中。据说，五月初五吃粽子、赛龙舟的习俗就是这么来的。

龙舟竞渡的起源

在中国的古籍《淮南子》、《易经》等书中已经提到了舟楫的原理与制造，说明中国的先民们很早以前就开始使用船来谋生了。但是，船文化中影响最大的“赛龙舟”是起于何时呢？它又有什么文化上的内涵呢？

最广为人知的说法就是纪念屈原投江了。屈原因怀才不遇，忧国伤时，悲愤投江而死。楚国人民不忍心让这位贤臣死去，纷纷划船救援，渔民惟恐汨罗江中的鱼类会吃掉他的尸体，因此就以竹筒盛米投入江中，希望鱼类不致侵害他，然而捞了很久，终未捞起。而人民争相划船拯救他的行为渐渐地演变成为竞渡，纪念他的为国捐躯。虽然有关竞渡的起源众多，不过推算起来都发生于春秋战国时期，就地点来说也都属于中国的南方，也就是河流众多的地方。

相传春秋楚国的伍子胥因为父亲和兄长被楚平王所杀，于是只身到吴，帮吴王阖闾获得王位。并带领吴国兵将打入楚国国都郢城。当时平王已死，于是伍子胥乃掘平王的墓，鞭尸三百，报杀父兄之仇。后来王子夫差继位，举兵伐越，越王勾践派人求和，伍氏力主灭越，夫差不听，反赐剑命令他自刎。伍氏为忠于君王而视死如归，深知吴国来日必将亡于越。所以吩咐属下说："我死之后，把我的眼睛挖出来悬挂在都城的东门，让我看着越军入城灭吴。"这一件事被夫差获悉，一怒之下，下令把他的尸首投入大江，当时正是五月初五。后来，果真吴国被越国所灭，应验了伍子胥的话。后人因感念伍氏的忠贞，便用龙舟竞渡来祭其忠魂。

龙舟盛会

有关赛龙舟的起因，还有很多不同的说法：有一种推测说是史前图腾社会的遗俗，另一种认为早在春秋时期越族境内就盛行了。其实龙舟的起源，不论是始自英雄崇拜或是民间信仰，总是离不开制舟、操舟的学问与本领。龙舟竞渡既可培养团队合作精神，又可谙习水性，发展上肢的肌肉，自然会成为流传至今的民俗体育活动了。

共饮菊花酒 同庆重阳节

九月是菊花盛开之时，故有“菊月”之称。人们爱菊、赏菊、赞菊，历代文人墨客咏菊抒怀的名篇佳作数不胜数。

重阳节正是九月中最重要的一天，所以重阳节理所当然地成了赏菊的好日子，饮菊花酒、赏菊，这也是重阳节的主要习俗之一。

在魏武帝写给钟繇的书信里就说：“九月九日，草木遍枯，而菊芬然独秀，今奉一束。”可见三国时代，已有君王在重阳节赐臣下菊花而簪之的习俗。

宋代，有的酒店客栈在重阳节用各色菊花扎成一座座花门。酒客来宾从门下出入，离席出门时还可以摘一枝菊花插在帽上。清代，更时兴在重阳节举办盛大的菊花宴、菊花会。

重阳佳节，清秋气爽，风霜高洁，正是菊花盛开的时候。此时赏菊饮酒，吟诗作赋，别有一番情趣。谈到赏菊，人们自然会联想到陶渊明，陶渊明最爱菊花。

对菊图(局部)

菊花含曜吐芬，傲睨风霜，天姿高洁，陶渊明生活在晋宋易代的乱世，不满当时朝政官吏的腐败，自比菊花的傲洁，辞去官职，写了有名的《归去来兮辞》，回到家乡隐居。耕作之余，陶渊明在宅旁东篱边种了许多菊花，朝夕观赏，有诗曰："采菊东篱下，悠然见南山。"

菊花与陶渊明的故事说也说不完，现实中菊花酒能治头风明目，平肝清热，去痿痹。古时人们认为久服能延年益寿，是我国古代民间最实用的著名药酒之一。

酿酒起源的传说

酒文化在我国传统文化中占有很重要的地位，酒对中国人的影响绝不仅仅是脸红舌短，无论是文人吟诗、画家作画、还是武术家打拳……无不与饮酒有关。"白蛇饮雄黄"、"八仙过海"、"武松打虎"等故事更

制酒工艺图

是为酒做了活生生的广告。

那么，这个影响中国人好几千年的玩意儿到底是怎么来到这个世界上的呢？

有的史书记载，夏禹时期的仪狄发明了酿酒。据说，禹的公主命令仪狄做酒，酒酿成之后，大家觉得它非常好，就进献给禹。禹喝了之后，认为酒虽然非常好，但是喝了能够乱性，而且说："后世必有饮酒而亡国者。"这样便疏远了仪狄，并且下旨禁酒。

四川出土的东汉酿酒画像砖

在民间的传说中，认为酿酒始于杜康。杜康也是夏朝时人，所谓"杜康造酒刘伶醉，刘伶一醉就三年"。更有人说杜康和刘伶都是天上的酒仙。到今天我们还用杜康或刘伶作为酒的代名词。

这些传说尽管各不相同，大致说明酿酒早在夏朝或者夏朝以前就存在了，而这一点已被考古学家所证实。夏朝距今约四千多年，而目前已经出土了距今五千多年的酿酒器具。在远古时代，人们可能先接触到某些天然发酵的酒，然后加以仿制。

在 1937 年，我国考古学家吴其昌先生曾提出一个很有趣的观点：“我们祖先最早种稻种黍的目的是为酿酒而非做饭……吃饭实在是从饮酒中带出来。”这种观点等于认为人们最初种粮食的目的是为了酿制酒，人们先是发现采集而来的谷物可以酿造成酒，而后开始有意识地种植谷物，以便保证酿酒原料的供应。吃饭从饮酒中来，也真是够有意思的了。

酒池肉林 淫乐极品

在明代长篇小说《封神演义》中提到，商纣王听信妲己的妖言，在皇宫左边挖了一个池沼，里边灌满了美酒，叫做“酒池”。右边以酒糟堆积成山。糟丘山上插满树枝，把肉切割成薄片，挂在树枝之上，叫做“肉林”。说天子富有四海，就应该享受无穷富贵，不是天子之尊，还不许妄自建造肉林、酒池呢。

纣王荒淫成性，最终被周武王所灭。这酒池、肉林就成了纣王淫乐的有力证据，被传作千古的警戒。

这个故事是有历史依据的。

商代晚期的帝王多是淫暴之主，一味追求享受安乐。商代的贵族也多酗酒，由于当时的盛酒器具和饮酒器具多为青铜器，其中含有锡溶于酒中，使商朝的人饮后中毒，身体状况日益下降。商末帝纣是一个好色好酒的人，《史记·殷本纪》说：“(纣) 以酒为池，悬肉为林，使男女裸相逐其间，为长夜之饮。”

可见，酒池肉林并不是《封神演义》的作者编造出来的，而是真有其事。后人常用“酒池肉林”形容生活奢侈，纵欲无度。

商纣的暴政，加上酗酒，最终导致商代灭亡。周代在商人的聚集地曾发布严厉的禁酒令，也能说明商代人的嗜酒如命。

山涛像

竹林七贤

“竹林七贤”指的是晋代七位名士：阮籍、嵇康、山涛、刘伶、阮咸、向秀和王戎。

他们放荡不羁，常于竹林下，酣歌纵酒。其中最为著名的酒徒是刘伶。《酒谱》讲述刘伶经常随身带着一个酒壶，乘着鹿车，一边走，一边饮酒，并叫一人带着掘挖工具紧随车后，如果他什么时候死了，就地埋之。阮咸饮酒更是无所顾忌，他每次与宗人共饮，总是以大盆盛酒，不用酒杯，也不用勺酒具，大家围坐在酒盆四周用手捧酒喝。猪群来饮酒，不但不赶走，阮咸还凑上去和猪一起饮酒。

刘伶曾写下《酒德颂》一首，大意是：自己行无踪，居无室，幕天席地，纵意所如，不管是停下来还是行走，随时都提着酒杯饮酒，惟酒是务，焉知其余。其他人怎么说，自己一点都不在意。别人越要评说，自己反而更加要饮酒，喝醉了就睡，醒过来也是恍恍惚惚的，于无声处，就是一个惊雷打下来，也听不见，面对泰山视而不见，不知天气冷热，也不知世间利欲感情。

刘伶的这首诗，充分反映了晋代时期文人的心态，即由于社会动荡不安，长期处于分裂状态，统治者对一些文人的政治迫害使他们不得不借酒浇愁，或以酒避祸，或以酒后狂言发泄对时政的不满。另据史料记载，魏文帝司马昭欲为其子求婚于阮籍之女，阮籍借醉六十天，使司马昭没有机会开口，遂作罢。这些事在当时颇有代表性，对后世影响也非常大。

因酒成事因酒误事

因酒误事误国的例子在古代不可胜数，不算野史就是正史上也有很多记载。比如春秋时期，楚恭王与晋国的军队战于鄢陵，楚国打了败战，楚恭王的眼睛也中了一箭。

按说，一次败不算败，先败后胜的例子在军事史上俯拾即是。楚恭王为准备下一次战斗，特召大司马子反前来商量，如果子反率生力军前来，再利用晋军战胜第一战之后的骄傲之心，应该能够反败为胜。可是令人哭笑不得的是，身为大司马的子反却喝醉了酒，无法前来。

楚恭王得到这个消息，只得对天长叹，说："天败我也。"他除了将因酒误了战事的子反杀了，别无他法，只得班师回朝。

有意思的是，帝王因酒误事有时也是好事。有一次齐桓公因为醉酒，将代表地位的帽子丢了。齐桓公酒醒之后，为此事感到深深的羞耻，三天没上朝。

按说齐桓公有羞耻之心是好事，可是当时恰逢齐国粮荒，国君不上朝，没人主持此事，齐国的宰相管仲只好自作主张，打开公家的粮仓，救济灾民。灾民得到了国家的救济，自然欣喜若狂。

因为此事，当时流传了这样一个民谣：齐桓公啊，你为什么不再丢一次帽子啊！

茶的起源

中国是茶叶的故乡，从战国时代，中国人就开始喝茶了。直到南朝梁武帝永明年间，中国才向域外输出茶叶，世界各国饮茶、种茶都是由中国直接或间接传去的。

729年，饮茶首先传到日本。1610年荷兰商人从中国购入茶叶，以后转运至欧洲各国，茶叶随之成为世界性的饮料。中国种茶技术也是最早传播到日本，805年日僧最澄到浙江天台山国清寺学佛并带回茶籽种植于日本的台麓山地区。1780年东印度公司从广东引进茶籽种于加尔各答植物园。1883年俄国从湖北羊楼洞买回茶籽茶苗种植于尼基特植物园内。到20世纪80年代，世界上已有五十多个国家和地区种茶产茶。

然而，1832年英军的少校布劳士在缅甸与印度的交界处发现了一棵高约13米的野生大茶树。无独有偶，第二年他的哥哥C·A·布劳士也在印度发现了野生的大茶树。由此，C·A·布劳士在1838年出版了一本小册子并断言印度是茶的原产地。

青瓷凤首执茶壶

此后，又有一些外国专家学者提出了各种各样的说法。总之，都是要否认茶起源于中国一说。

其实，达尔文曾说过："每一个物种都有它的起源中心。"茶树至今已经有六千万至七千万年的历程了。印度所属的喜马拉雅山南坡在当时还在深深的海底下呢。而且中国从公元6世纪以前就有了茶的记载，从1939年发现了贵州的大茶树之后屡屡发现野生大茶树。1961年，在我国云南勐海县发现了一棵大茶树。该树生于海拔约一千一百米的地方，树高三十二米多，树围近三米，已经有一千七百岁了，这棵大茶树是世界上迄今为止发现的最大最古老的茶树。

今天，科学家通过对茶树的自然分布，地质变迁，种内变异以及细胞遗传学上的研究，肯定地说："茶树的根在中国的滇西南！"

神农与饮茶

神农氏，一说即炎帝，是中国上古传说中的神话人物“三皇”之一。

神农原为中国古代传说中部落或部落联盟的领袖，传说他是农业和医药的发明者。他以木制耒、耜等农具，传授百姓农业生产技术，播种五谷。神农也是医药之祖，曾遍尝百草，发现药材，教人治病。

神农尝药图

据说，神农的身体是透明的，五脏六腑看得清清楚楚。草药吃到肚子里效果如何，一目了然。相传有一次神农尝到一种绿叶，吃下去之后，肚子里边好像经过洗涤了一样干干净净，这种绿叶就是茶。

还有一种说法是，神农尝了金色的滚山珠而中毒，正背靠一棵大树斜躺休息。一阵风过，似乎闻到有一种清鲜香气，但不知这清香从何而来。抬头一看，只见树上有几片叶子徐徐落下，神农心中好奇就信手拾起一片放入口中慢慢咀嚼，感到味虽苦涩但有清香回甘之味，索性嚼而食之。食后更觉气味清香，舌底生津，精神振奋，而且头晕目眩减轻，口干舌麻渐消。神农拾几片叶子细看，就将这种树定名为“茶”。此后茶树渐被发掘、采集和引种，被人们用作药物，供作祭品，当做菜食和饮料。

《神农本草》上写着：“神农尝百草，日遇七十二毒，得茶而解之。”

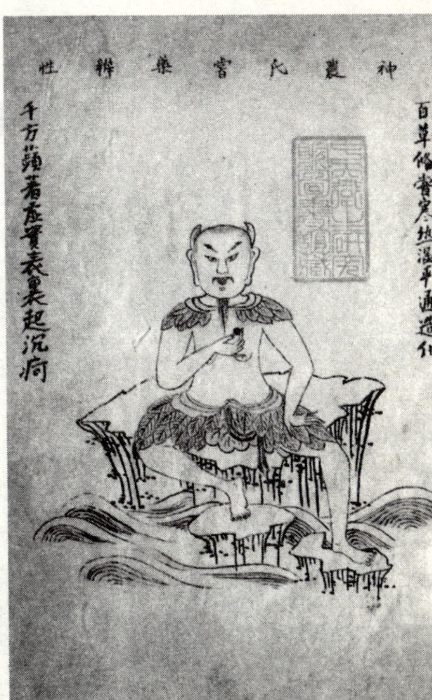

神农像

汉族民间奉神农为神，尊称为“神农大帝”。福建、台湾地区农民、米粮商、药商都奉祀神农，也称“五谷大帝”、“五谷王”、“粟母王”、“药王大帝”等。相传夏历四月廿六日

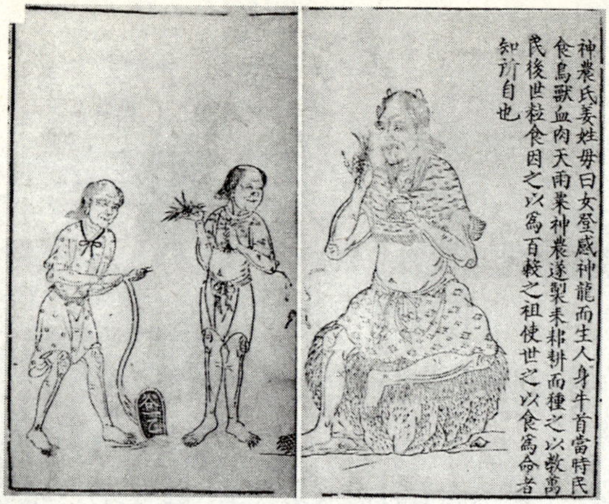

神农教稼图

为其诞辰。在南方一些少数民族神话传说中，也有神农的形象。有学者认为神农氏与苗族有渊源关系。湖南省炎陵县有炎陵，供民众祭祀。

这就是茶叶的起源。也可能是因为神农的声望太高而使饮茶的习俗长兴不衰吧。茶叶的发展史记载：“(茶) 发于神农，闻于鲁周公，兴于唐朝，盛于宋代”，如今已被世界公认为最佳的天然饮料。我国最早利用了茶叶这种植物，并把它发展成为我国和东方乃至整个世界的一种灿烂独特的文化。

喝茶原是“熬菜汤”

婆子暗暗地欢喜，道：“来了！这刷子当败！”且把银两来藏了，便道：“老身看大官人有些渴，吃个宽煎叶儿茶，如何？”西门庆道：“干娘如何便猜得着？”

王婆接了这物，吩咐伴当回去，自踅来开了后门，走过武大家里来。那妇人接着，请去楼上坐地。那王婆道：“娘子，怎地不过贫家吃茶？”

这是《水浒传》第二十三回“王婆贪贿说风情，郓哥不忿闹茶肆”中的两段。这里边就有一个问题：茶不是“喝”的吗？怎么“吃”起来了？

绣像本《金瓶梅》插图

原来，茶在我国古代只作为药用，到了4世纪左右才开始普遍作为饮料，人们常将喝茶称之为“吃茶”。就与我国人民早期制茶和饮茶的方式密不可分。

唐以前，饮茶的方法比较原始，只有药饮和解渴的粗放饮法。把鲜茶叶放在锅里“做羹饮”，说白了就是熬成汤喝。但是，鲜叶无法贮存，也不好运输，所以客观要求出现干茶。干茶的最早形式也不过是把茶叶晒干而已，谈不到加工制作。

唐代时，“茶圣”陆羽大力倡导饼茶及饮法，从而使在唐宋两代五六百年间饼茶独领风骚。

所谓饼茶或团茶是指制茶人将从树上采摘下来的茶叶放入釜中蒸煮，用杵臼捣碎，拍成茶饼团，再将茶饼团串起来焙干封存，当时人们称之为“龙凤团茶”、“蜡面饼茶”或“研膏”。人们在饮用这种茶时，需将茶饼研成粉末，然后用纱绢做的罗筛筛出极细的茶末，再将茶末放入釜内，用滚水煎煮。人们在品尝这种茶时，咂嘴、嚼末、渍舌，所以就叫做“吃茶”。

“吃茶”从唐代流传到明代，出现了转折性的变化。明代开国皇帝朱元璋是一位茶叶改革的积极倡导者。他在明洪武二十四年（1391年）九月下诏罢贡龙凤团茶，改为御贡茶芽，就是今天的散茶。从此，散茶取代了团茶，冲饮取代了煮饮。明崇祯年间，中国各大城市的市井街巷中开始出现了茶馆、茶室、茶铺特别是到了清代和民国年间尤盛行，但人们仍习惯于将喝茶称为“吃茶”，并一直流传至今。

文成和亲，茶叶入藏

中国历史上，有不少以公主或宗室女下嫁蕃邦国王和亲的事例。唐太宗时期，文成公主远嫁吐蕃便是和亲的典范。

吐蕃就是现在的西藏，唐代以前和中土没有来往。据说吐蕃人是东晋末年南凉国王鲜卑人秃发利鹿孤的后代，因失国而辗转流徙到西藏高原，为纪念祖先，他们以“秃发”为国号，后依语音相近讹变为“吐蕃”。吐蕃人过着以游牧为主的生活，饲养牦牛、马、猪和独峰骆驼，有的也种植青稞和荞麦。

西藏大昭寺文成公主像

6世纪中叶，吐蕃日益强盛。吐蕃首领松赞干布击败了青海东部吐谷浑，完成了青藏高原的统一，建都逻些（拉萨）。唐太宗贞观十二年，松赞干布率吐蕃大军进攻大唐边城松州，即今天的四川松潘县。唐太宗治理下的唐朝，此时正国富兵强，于是派侯君集督率领大军讨伐，与吐蕃互有胜负。松赞干布进退两难，只好俯首称臣，并对大唐的强盛赞慕不已。他在上书谢罪的同时，还特向唐朝求婚。

唐太宗经过一番考虑，决定答应他的请求，于是在宫中选定了一个通晓诗书的宗室之女，封她为文成公主，并护送她前往吐蕃和亲。640年，文成公主入藏。她除了携带着丰盛的嫁妆外，还带有大量的书籍、乐器、绢帛和粮食种子。跟随文成公主入藏的人，除陪嫁的侍婢外，还有一批文士、乐师和农技人员。

松赞干布像

为迎接文成公主入藏，藏王松赞干布说：我要为公主筑一城以留示后代，誓与汉民族永结同心。这就是后来红山之上的布达拉宫。

文成和亲塑像

藏地不产茶，藏族人民以前也从不喝茶。文成公主入藏带去了茶叶，从而使藏族变成了“宁可三日无油盐，不可一日不喝茶”的民族。

“茶圣”与《茶经》

唐代开元年间，复州竟陵龙盖寺主持智积法师收留了一个三岁的孤儿。孤儿长大，理所当然地当了小和尚。智积和尚用《周易》为他占卜，卦辞是：“鸿渐于陆，其羽可用为仪。”意思是鸿雁渐渐落在陆地上，它的羽毛可编成文武的道具。小和尚便以陆为姓，以羽为名，以鸿渐为字。这位连自己姓什么都不知道的孤儿就是后来的茶业祖师爷——陆羽。

陆羽，湖北天门人（733年～804年），一名疾，字季疵，号竟陵子、桑苎翁、东冈子，是我国唐代的杰出学者。他一生嗜茶，精于茶道，其著述的《茶经》是我国乃至世界的茶道先声，他以一代茶坛宗师闻名于世，对中国茶业和世界茶业发展作出了卓越贡献，备受后人敬仰，被尊称为“茶圣”，甚至被祀为“茶仙”、“茶神”。

陆羽像

陆羽托身于佛寺，茶与佛教有难解之缘，智积法师又是一个喜茶且擅长品茶的和尚。相传智积喜欢喝茶，陆羽善于煮茶，智积非陆羽煮的茶不饮。后来陆羽云游他乡，智积便断了茶。这件事让唐代宗知道了，认为这是他们故弄玄虚，便召智积进宫，让宫中的煮茶名手奉上名茶。智积只尝了一口，就放下不喝了，叹了一口气说：“真想喝徒儿陆羽煮的茶啊!”

其实唐代宗早已命陆羽偷偷地进宫，一听此话，便命人把陆羽煮的茶端了上去。谁知道智积老和尚连喝三碗，连声称赞说：“好啊，真像是徒儿陆羽煮的茶啊!”

当然，这只是个传说，未必可信，但陆羽和《茶经》对中国茶文化的贡献确实是巨大的。《茶经》成书于780年，是世界上最早的一部茶书。它虽然只有七千字左右，但内容广泛，涉及到茶的各个方面，堪称是一部茶道的百科全书。

陆羽七十二岁时病逝于湖州天杼山。死前，他有一首《六羡歌》，充分体现他的人品似茶叶一般清纯。

品茶先需鉴水

唐代张又新的《煎茶水记》中记述了鉴水的一段故事：

唐代宗时期，湖州刺史李季卿到维扬就是今天的扬州与茶圣陆羽相逢。李季卿对陆羽一向倾慕，很高兴地说："陆君善于品茶，天下闻名，这里的扬子江南零水又特别好，二妙相遇，千载难逢。"因而命令军士执瓶操舟，到江中去取南零水。趁军士取水的时间，把各种品茶器具一一放置停当。不一会儿，水送到了。陆羽用杓在水面一扬说："这水倒是扬子江水，但不是南零段的，好像是临岸之水。"军士说："我乘舟深入南零，有许多人看见，不敢虚报。"陆羽一言不发，端起水瓶，倒去一半水，又用水杓一看，说："这才是南零水。"军士大惊，急忙认罪说："我自南零取水回来，到岸边时由于船身晃荡，把水晃出了半瓶，害怕不够用，便用岸边之水加满，不想处士之鉴如此神明。"李季卿与来宾数十人都十分惊奇他的鉴水之技，便向他讨教各种水的优劣，并用笔一一记了下来。

看来，茶圣不仅在茶的历史、生产和鉴赏上有独特的功夫，而且对于烹茶用水也十分讲究，对水的品鉴十分精到。

无独有偶，冯梦龙在所著《警世通言》中也记述了王安石鉴水的故事。

王安石老年患有痰火之症，虽服药，难以除根。太医院的太医看完病说：一定要喝阳羡茶，而且一定要用长江瞿塘中峡水煎烹。

苏东坡与王安石同朝为官，他是蜀地人，王安石便托他把瞿塘峡中峡水攒一瓮带回来。

不久，苏东坡亲自带水来见王安石。王安石即命人将水瓮抬进书房，亲以衣袖拂拭，纸封打开。拿了定窑白瓷碗一只，把一撮阳羡茶投到里边。等水如蟹眼，急取起注入碗中，茶色半晌方见。

王安石问："这水是从哪取来的？"东坡答道："巫峡。"王安石问："是中峡么？"东坡回答道："正

王安石像

是。”王安石笑道：“又来欺老夫了！这是下峡的水，怎么告诉我是中峡的?”苏东坡大惊，只得据实以告。

原来东坡因欣赏秀丽的三峡风光，船都到了下峡时他才记起王安石所托之事。当时水流湍急，很难再回去，只得汲一瓮下峡水冒充了。

苏东坡问：“三峡相连，一般样水，您是怎么分辨出来的?”王安石说：“读书人不可轻举妄动，须是细心察理：上峡水性太急，下峡太缓，只有中峡的水性缓急相半。用这水烹阳羡茶，上峡味浓，下峡味淡，中峡浓淡之间。我看见这茶色半天才显现出来，故知是下峡。”

这些故事，肯定不全是史实，但是也说明了中国古代人对于饮茶、用水是非常讲究的。

乾隆与饮茶

清代乾隆皇帝弘历在位当政六十年，终年八十八岁，这一寿龄在中国古代的帝王中更是名列第一的。

民间流传着很多关于乾隆与茶的故事，涉及到种茶、饮茶、取水、茶名、茶诗等等与茶相关的方方面面。

最著名的一个故事是这样的。相传，乾隆皇帝六次南巡到杭州，曾四度到过西湖茶区。有一次，他来到龙井狮子峰胡公庙，和尚不敢怠慢，赶忙献上香茶一杯，说：“这是本寺制的龙井茶。”

乾隆品了一口，大加赞赏茶叶的香清味醇，遂封庙前十八棵茶树为“御茶”，并派专

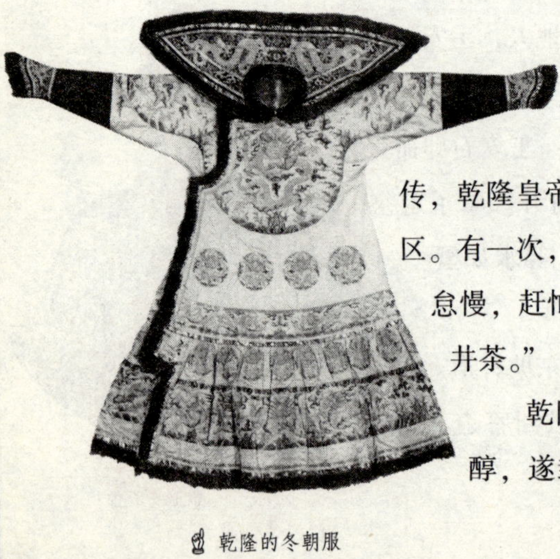

乾隆的冬朝服

乾隆检阅八旗军

人看管，年年岁岁采制进贡到宫中。这“御茶”的遗址，现在还有。

乾隆皇帝不是死在任上的，而是“知老让位”的。传说在他决定让出皇位给十五子时（即后来的嘉庆皇帝），一位老臣不无惋惜地劝谏道：“国不可一日无君啊！”一生好品茶的乾隆帝却端起御案上的一杯茶，说：“君不可一日无茶啊！”这也许是幽默之语，可是他爱茶之癖却确实是记于史册的。

乾隆在茶事中，以帝王之尊，穷奢极欲，倍求精工，什么排场都可以做得到。他首倡在重华宫举行的茶宴，豪华隆重，极为讲究。他还规定，凡举行宴会，必须茶在酒前，这对于极为重视先后顺序的国人来说其意义是很大的。

历代茶炉质地各不同

明初洪武年间，无锡惠山的“听松庵”有一个主持和尚，叫性海，为时人敬重推崇。他平日空暇的时候常常汲取山泉煮茶以自娱。当时有一个浙江湖州的善于制作竹器的人对他说："法师酷爱饮茶，我用竹子给您做茶具，行吗?"性海听了，觉得这个想法很新颖，于是就由性海亲自设计，由制竹者精制而成一个茶炉。这个茶炉"圆上而方下，高不盈尺"，以细土为胎，外编竹为廓，胎土"甚坚密"，用手轻轻敲击会发出"铿然"的金石之声，炉身中空。

这个竹炉制好后，一直为性海所使用、珍藏，至清乾隆南巡时，这个竹炉还存于庵中，受人珍视。

清代茶炉

这则笔记说明，在明代时用竹子做茶具还不是很流行。宋代时茶炉的形制与质地同唐代相似，呈古鼎形。到了明代时比较讲究用铜炉和竹炉。当时浙江有一个姓潘的工匠铸的铜器非常好，被称为"潘铜"，它和华亭(今上海地区)姓胡的工匠铸的"胡铜"都曾经名噪一时。明代时也有主张用铅或锡制作"茶瓶"来煎水，亦称"煎水瓶"。

明代用"竹炉"煎水煮茶虽然不很流行，但也不是绝无仅有。明初谢应芳《煮茗轩》诗中有云："午梦觉来汤欲沸，松风初响竹炉边"，就谈到了煮茶的"竹炉"。当然现在喝茶都是冲饮，茶炉就都用不着了。

如金似玉紫砂壶

紫砂茶具的创制始于北宋末年，兴盛于明代正德年间，以紫砂茶壶最为著名。

明代正德年间，宜兴进士吴颐山曾在金沙寺寓居攻读诗文，他有一个叫"供春"的小书童，闲暇无事，看见寺僧在从事紫砂壶生产，就在暗中淘细土制坯仿效。后来，他又刻苦钻研，日积月累，制壶技艺突飞猛进，终于成为当时最负盛名的一代制壶高手。

据说当时供春在寺内学艺时，曾看到寺内一古银杏树上有树瘿，形状古朴、奇拙。他就模仿树瘿的造型用手指捏为形，再用茶匙挖空内壁，做成几把“树瘿壶”。这一独树一帜的紫砂壶，受到当时社会名流、雅士们的认同、欣赏和赞叹，起名为“供春壶”。这样，这个小书童供春就成了我国历史上第一位有名可考的制壶名家。

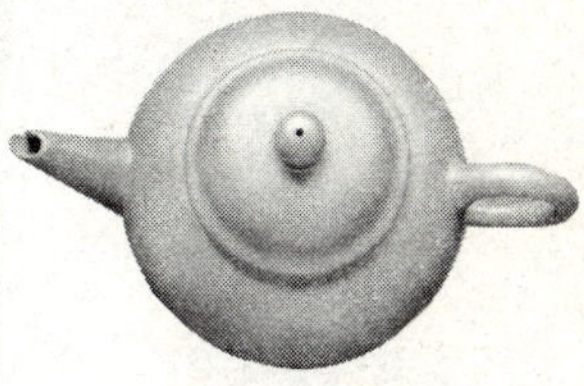

清代紫砂壶

“供春之壶胜于金玉”，历代以来供春壶均为极其名贵之物，名闻遐迩，存世极少，历代藏壶名家竞相搜求而不可得。

那么，紫砂壶到底好在哪里呢？原来，用泥土制成坯的烧成品都称陶器，人类最早使用的器皿就是陶器。用江苏宜兴紫砂陶土烧制而成的紫砂陶茶具是举世公认的质地最好的茶具。除了具备良好的材质外，紫砂壶还特别注重外形的装饰。融书、画、诗、印诸艺为一炉，又集雕、琢、捏、塑、贴、绞、堆、绘、喷、嵌、釉、漆、镶、包等诸般制作技艺为一体。可谓出类拔萃，巧夺天工。

明清时，紫砂茶具的制作达到了顶峰。其造型色彩千姿百态、耐人寻味。壶外壁常雕以金石书画、诗词对联、名家手迹，“壶随字贵，字以壶传”，终成为精美的艺术品而名噪天下，使紫砂陶具的艺术价值远远超过了其使用价值。

六必居的传说

北京前门外有个中外驰名的酱园——六必居。六必居始建于明朝嘉靖年间（1530年），至今已有近五百年历史。六必居原是山西临汾西社村人赵存仁、赵存义、赵存礼兄弟开办的小店铺，专卖柴米油盐。俗话说："开门七件事：柴、米、油、盐、酱、醋、茶。"这七件是人们日常生活中必不可少的。赵氏兄弟的小店铺因为不卖茶就起名六必居。

"六必"还有一种解释，那就是，六必居人严守"黍稻必齐曲药必实，湛之必洁，陶瓷必良，火候必得，水泉必香"的"六必"精神使得该商号长盛不衰，成为京城历史最悠久的老字号之一。

六必居后往北就是西河沿，当年那儿有个三府菜园。明朝大学士严嵩府里有个厨师经常到菜园、酱园一带买东西，经他介绍，严嵩就给酱园子题了三字——六必居。

据说六必居现在挂的这块匾是假的，那么真的到哪儿去了呢？

传说，康熙年间六必居酱园着了一场大火把真匾给烧了。民间的传统，酱园子、油盐店的徒弟们全能写一手好字——开菜单的字必须好。有个学徒偏偏喜欢严嵩题的这三字：六必居。因此，他在每天扫地的时候都拿着笤帚一边扫地一边比画：六必居，六必居，晚上练字

店铺牌匾，此图据说为康熙皇帝题的"六必居"匾额，亦有说为明代严嵩所题。

还是六必居。天天如此，月月如此，年年如此。

这匾这么一烧，东家着急啦："坏啦，这是严嵩写的，咱们写不了哇。"学徒说："这个没关系，我那儿写的有样子，您看看。"他把练的字拿出来让东家一看，东家喜出望外："嘿！行啊，你来一块吧。"所以，现在这匾就是那学徒写的。不仅如此，北墙上那"六必居"三个字也是从那匾上拓下来的。

六必居是北京酱园中历史最久、声誉最显著的一家。最出名的是它的酱菜。六必居有十二种传统产品，它们是：稀黄酱、铺淋酱油、甜酱萝卜、甜酱黄瓜、甜酱甘螺、甜酱黑菜、甜酱仓瓜、甜酱姜芽、甜酱八宝荣、甜酱什香菜、甜酱瓜、白糖蒜。这些产品色泽鲜亮，酱味浓郁，脆嫩清香，咸甜适度。

六必居几百年的经营经验，有一条是任何人不准超支或长支店内资金，对外经营不欠债。六必居还规定，店内不用三爷（即少爷、姑爷和舅爷），前店柜台人多是山西临汾、襄汾县人。

在近五百年的风风雨雨中，其产品制作精细、工艺考究、配料严格、风味独特、驰名中外。如八宝菜、酱黑菜、八宝瓜、白糖蒜等产品一直是明、清时期宫廷里达官贵族的宴上佳肴，至今仍保持其传统工艺和独特风味，深受中外消费者喜爱。

男不拜月，女不祭灶

在我国民间，历来有"男不拜月，女不祭灶"的说法 。这是什么意思呢？

"男不拜月"是说男人没有像妇女那样"拜月"的习俗。农历七月初七，相传是天上牛郎与织女在银河相会的日子，俗称"女儿节"，又称"乞巧节"。这天晚上，女性们都要竞相在阳台、庭院陈设果品糕点，点燃香烛，向月祷拜，直至深夜。这是妇女的节日，男子汉大丈夫当然不应参与其中。

"女不祭灶"就更可笑了。在有的地方，女人是不祭灶王爷的。据说，灶王爷长得像个小白脸，怕女的祭灶有“男女之嫌”。

在中国的民间诸神中，灶神的资格算是很老的。早在夏代，他已经是民间所尊奉的一位大神了。但灶王爷到底怎么样到现在也没搞清楚。有人说，“灶神，着赤衣，状如美女。”一个大男人却像美女一样倒是很迷人。可也有人说，灶王爷是“颛顼氏有子日黎，为祝融，祀为灶神”。也就是和“火神祝融”是一个人。那就应该是一位红发獠牙的大神。少女见后害怕还来不及又怎么会有男女之嫌呢?

“年糕”与伍子胥

伍子胥是春秋时期的名将，楚国人。他在楚国被昏庸的楚平王追拿，被迫逃到了吴国并帮助吴王阖闾夺取王位。后来他又借吴兵攻入楚国并报了血海深仇。

伍子胥对吴国一直是非常忠诚的，但是吴王之子夫差继位后听信谗言杀了伍子胥。伍子胥临死前对部下说:“我死后若国家有难，民众没粮吃，就到城门墙下挖地三尺，可找到吃的东西。”后来越国进攻吴国，城中军民断粮，伍子胥的部下就带领军民在象城墙门下挖地，果然挖出许多可以充饥的“城砖”。原来“城砖”是糯米粉压成的，这是伍子胥生前设下的“积粮防急”之计，吴国军民就靠这些城砖渡过了难关。

此后每逢过年，吴国百姓都要压制类似“城砖”的年糕纪念伍子胥。

兵事体育

亦真亦幻指南车

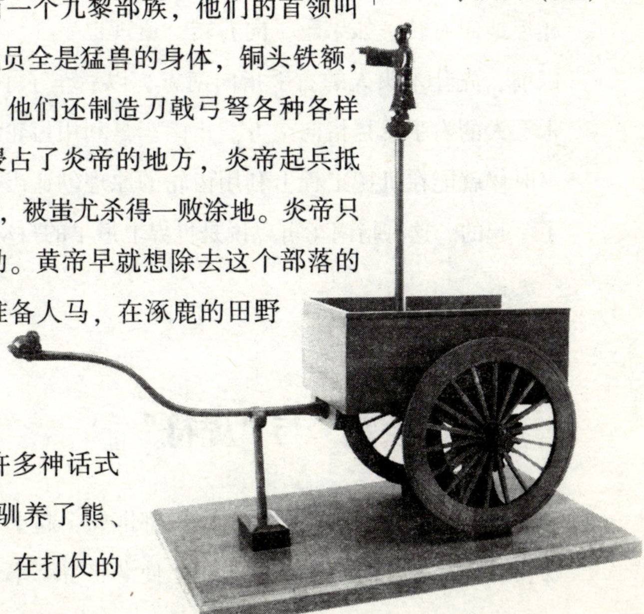

指南车（模型）

关于指南车，曾经有两个古老的传说：相传在四千多年以前，在我国南方有一个九黎部族，他们的首领叫蚩尤，十分强悍，氏族成员全是猛兽的身体，铜头铁额，吃的是沙石，凶猛无比。他们还制造刀戟弓弩各种各样的兵器。有一次，蚩尤侵占了炎帝的地方，炎帝起兵抵抗，但他不是蚩尤的对手，被蚩尤杀得一败涂地。炎帝只好逃到涿鹿请求黄帝帮助。黄帝早就想除去这个部落的祸害，就联合各部落，准备人马，在涿鹿的田野上和蚩尤展开一场大决战，这就是“涿鹿之战”。

关于这次大战，有许多神话式的传说。据说黄帝平时驯养了熊、罴、貔、貅、虎等野兽，在打仗的时候，就把这些猛兽放出来助战。蚩尤的兵士虽然凶猛，但是遇到黄帝的军队，加上这一群猛虎凶兽，也抵挡不住，纷纷败逃。

黄帝带领兵士乘胜追杀，忽然天昏地暗，浓雾迷漫，狂风大作，雷电交加，使黄帝的兵士无法追赶。原来蚩尤请来了“风伯雨师”助战。黄帝也不甘示弱发明了指引方向的“指南车”，带领兵士，沿着蚩尤逃跑的方向追击，结果把蚩尤捉住杀了。

从前有人认为真有这样的事情，并且把指南车和指南针当成一件事，认为指南针就是黄帝和周公发明的。当然，传说是不足为凭的。指南针的发明，同黄帝和周公毫无关系。

那么，我国古代有没有人发明过指南车呢？

我国东汉时候杰出的科学家张衡发明过指南车，可是他的制造方法不久就失传了。到了三国时候，有个叫马钧的发明家曾经重新造出了指南车。这种指南车相当大，要用马拉着走。车箱上面站着一个木头人，不管车子怎么改变方向，木头人的右手一直指向南方。

在指南车的车箱里，装着非常巧妙复杂的机械。它的中央有一个太平轮，木头人就竖立在上面。在太平轮的两旁，还装着很多小齿轮。如果车子向左转，右边的车轮就会带动小齿轮，小齿轮再带动太平轮，使太平轮相反地向右转。如果车子向右转，道理也一样。因此，只要在指南车开动以前，先让木头人的右手指向南方，以后车子不论是向左转还是向右转，木头人的右手总是指向南方。指南车是利用齿轮的原理制造的。我国在东汉时候就能在机械工程上利用齿轮的原理创造出巧妙的指南车，这也是很了不起的。这种指南车可以说是世界上最早的自动化设备。

“窃符救赵”与“虎符”

战国时，秦国重兵围困赵国国都邯郸，赵平原君因夫人为魏信陵君之姊，乃求援于魏王及信陵君。魏王使老将晋鄙率十万军队救援赵国，但后

虎符

来又畏惧秦国的强大，就命令驻军观望。魏国公子信陵君无忌为了驰援邯郸，遂与魏王夫人如姬密谋，使如姬在魏王卧室内窃得虎符，并以此虎符夺取了晋鄙的军队，大破秦兵，救了赵国。

这个故事是史记上记载的，可以认为是真实的。那么，这个“虎符”到底是一个什么东西，怎么有这么大的力量呢？

虎符最早出现于春秋战国时期，当时采用铜制的虎形作为中央发给地方官或驻军首领的调兵凭证，称为虎符。虎符的背面刻有铭文，分为两半，右半存于朝廷，左半发给统兵将帅或地方长官。并且都是专符专用，一地一符，绝不可能用一个兵符同时调动两个地方的军队，调兵遣将时需要两半勘合验真，才能生效。

虎符在古代战争中曾发挥了重要的作用，在历史上，虎符的形状、数量、刻铭以及尊卑也有很多的变化。从汉朝开始至隋朝，虎符均为铜质，骑缝刻铭以右为尊。隋朝时改为麟符。唐朝因为讳虎，改用鱼符或兔符，后来又改用龟符。南宋时恢复使用虎符。元朝则用虎头牌，后世演变为铜牌。

战国时的攻城云梯

赤壁遗址

赤壁是著名的古战场，东汉建安十三年 (208 年)，刘备与孙权联合，大破曹操于此，这就是历史上有名的赤壁之战。

赤壁遗址是由三座小山组成，即赤壁山、南屏山和金鸾山。这三座小山起伏相连苍翠如海，再加上亭台楼阁错落地隐现于其间，景色益显秀美。

赤壁山的西南临江处，岩斜亘三百余米，怪石嶙峋，汹涌的江水直扑断崖，卷起千堆雪，声如巨雷。文人骚客来此凭吊，自古不绝，故留下众多传说。

据说火攻赤壁时，周瑜站在矶头指挥，忽见冲天火光把断崖照耀得彤红一片，不觉豪兴大发，当场在崖壁上写下了两个楷书大字“赤壁”，令人刻石纪念。

☞ 三国时期战船（模型）

这当然只是传说，但是能给人带来无尽的遐想。

“赤壁”二字的近旁，还有诸葛亮、刘备、关羽和张飞的画像石刻，它们与书法石，交相辉映，可谓书画并茂。

南屏山顶有拜风台，传为诸葛亮祭东风时的七星台遗址，后殿中的诸葛亮、刘备、关羽、张飞坐像，极其传神，颇引人注目。

金鸾山腰有凤雏庵，相传庞统曾隐居于此。原庵早废，今庵乃清道光二十六年（1846年）重建，青砖黑瓦，古朴典雅。庵内主室所供奉的庞统塑像，庄严刚毅，有凛然不可侵犯的气概。庵四面苍苔布绿，曲径藏幽，古树垂荫，百鸟飞鸣，真有“鸟鸣山更幽”的意境。

“赤壁”二字的由来

“赤壁”二字位于赤壁矶头临江悬岩，南距市区三十八公里。据《湖北通志》记载：赤壁山临江矶头有“赤壁”二字，乃周瑜所书。

东汉建安十三年（208年）冬月十三，孙、刘联军借助风势，动用火攻，大火一炬，葬送了曹操二十六万兵马，东吴和刘备的军队乘胜追击，直到南郡，曹操率残部北归邺城。周瑜大军高奏凯歌，回军赤壁。

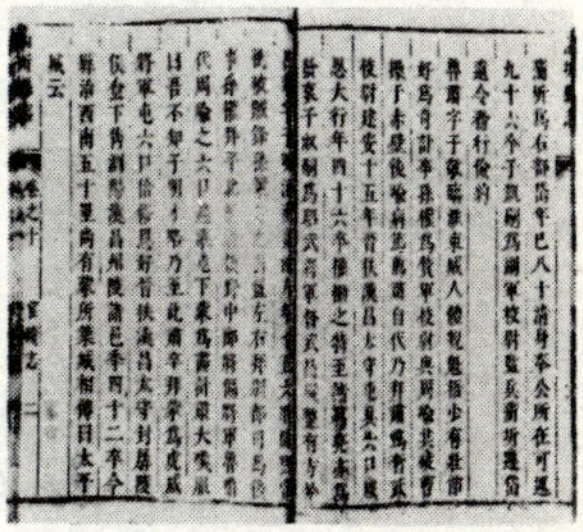

《蒲圻县志》有关赤壁之战的记载

东吴上下都非常高兴，特意在“中军司命”的楼船上举行得胜宴会，把酒庆功。周瑜酒醉之余，拔剑起舞，并提剑在悬崖上深深刻下了“赤壁”二字。这一剑刻透了万重山，一直刻到了江西的庐山。据说，到现在庐山上还有反写“赤壁”二字呢。

这当然是民间传说，那么，赤壁这个地名到底是怎么来的呢？

汉初，高祖六年置沙羡县，县令梅赤一上任就开始调查境内山川河流，发现许多地方都没有地名，于是就按朝廷旨意命名地名。中央一山属金，名曰金紫山。在金紫山之东六十里的地方，取二十八宿中东方七宿中的“亢”宿的名字，取地名叫“石亢”。在金紫山之南六十里的地方，取二十八宿中南方七宿中的“柳”宿的名字，取地名叫“柳林”。在金紫山之南西六十里的地方，取二十八宿中西方七宿中的“奎”、“觜”二宿的名字，取地名叫“奎觜”。在金紫山之北六十里的地方，取二十八宿中北方七宿中的“壁”宿的名字，取地名叫“赤壁”。

秦始皇兵马俑

1974年春，西安周边的农民在打井时，忽然从二米多深的地下挖出了一些人头的碎片，仔细一看，原来是陶俑。

这是什么？又是干什么用的？

又有谁知道，这一偶然发现引起了考古部门极大的重视，从此揭开了尘封地下二千多年的文化宝库。

随后，在这里建了一座规模宏大的博物馆，于1979年国庆节开放。秦兵马俑博物馆一开放就轰动了世界，被认为是古代的奇迹。秦始皇兵马俑是当代最重要的考古发现之一。

秦兵马俑以其巨大的规模、威武的场面和高超的科学艺术水平使观众们惊叹不已。

兵马俑坑在秦始皇陵东侧约一公里半处，先后发现了一、二、三号三个坑。一号坑是当地农民打井时发现的，后经钻探先后发现二、三号坑。一号坑最大，东西长230米，宽612米，总面积达14260平方米。在这个坑内埋有约6000个真人大小的陶俑，目前已清理出的有1000多个。在地下发现形体这么大，数量这么多，造型如此逼真的陶俑，实在是一件令人难以置信的事。

兵马俑的排列是三列面向东的横队，每列有武士俑70个，共210个，似为军阵的前锋。后面紧接着的是步兵与战车，有 38 路纵队，每路长约 180 米，似为军阵主体。左右两侧各有一列分别为面南和面北的横队，每队约有武士俑 180 个，似是军阵的两翼。西端有一列面向西的武士俑，似为军阵的后卫。武士俑有的身穿战袍，有的身披铠甲，手里拿的青铜兵器都是实物。组织严密，队伍整肃。几十匹战马昂首嘶鸣，攒蹄欲行。整个军队处于整装待发之势。

陶马、陶俑

威武雄壮的军阵再现了秦始皇当年为完成统一中国的大业而展现出的军功和军威。

这批兵马俑在艺术史上具有很高的价值。兵马俑是以现实生活为基础而创作的，艺术手法细腻、明快。从它们的装束、表情和手势就可以判断出是官还是兵，是步兵还是骑兵。他们中既有长了胡子的久经沙场的老兵，也有初上战场的青年。

这批兵马俑是雕塑艺术的宝库，具有鲜明的个性和强

秦始皇像

秦始皇兵马俑

烈的时代特征，为中华民族灿烂的古老文化增添了光彩，也给世界艺术史补充了光辉的一页。

汉代兵马俑

兵马俑是我国宝贵的历史遗产，目前在国内发现的大规模兵马俑就有三处：秦始皇兵马俑、咸阳杨家湾汉兵马俑以及徐州的狮子山汉兵马俑。

徐州兵马俑的发现纯属偶然，本来那里是砖瓦厂的取土地。有一天，随着推土机的一声轰鸣沉睡于地下两千余年的兵马俑面世了。从此，徐州兵马俑与徐州的汉墓、汉化石像并称为徐州汉代三绝。

西汉跪式甲俑

据汉代的葬制，惟有立下特等功勋的人才能享用兵马俑陪葬，而且还要得到皇帝的恩准。专家们经过计算，制作一套不同样的兵马俑需九组七十三件不同的模具，这是多么繁琐的工程！

写实主义的秦俑给人一种奔放雄浑的力量美，但任何艺术的发展都有一个由具体到抽象的过程，汉兵马俑在继承了秦俑风格的基础上加以发展由写实转变为写意。它不注重人物线条的比例是否准确，而侧重于人物的内心世界和精神风貌。

汉代的雕塑师们以生活为蓝本制作的这些陶俑，不仅为后人留下了许多宝贵资料，而且在中国雕塑艺术史上，以拙朴中富有含蓄，更加耐人寻味的艺术手法，为人类留下永恒而美丽的篇章。

七小长城见证历史

长城是世界上最长的墙。从春秋战国直到明代长城一直被不同的政权修造着。在我国除了明代最后完成的长城干线外，还有7条古老的小长城。它们都是汉代以前各个诸侯国各自修造的长城遗址，这些遗址至今仍在。它们是：

穆陵齐长城：位于山东省沂水县城北五十公里穆陵关西侧，是战国时齐国所修长城的遗址，长约四十五公里。

华阴魏长城：在陕西华阴山脚，城由此向北延伸，穿过韩城到达黄河边，长约一百五十公里。

烧锅营子燕长城：在辽宁建平县张家湾村，乃燕时所修长城遗址，长约七公里。

围场古长城：在河北围场县岱尹上村附近，是乾隆十七年乾隆帝狩猎时发现的一座燕、秦长城遗迹，城东西长达二百余公里。

宁夏战国秦长城：主要在宁夏西吉县境内，甘肃镇原县也有一部分。

临洮秦长城：在甘肃北部临洮县，是秦统一六国后所建长城的西部起点。长城南北走向，高约一米，全为黄土结构。

疏勒河汉长城：在甘肃西北疏勒河南岸，是现在保存最好的汉长城遗址，长约一百五十公里。

帝王的甲胄

大家都知道，甲胄是古代的军人在战场上为防身而穿的铁制衣物。甲胄当然是越坚硬，同时越精致越好。那么，古代帝王穿的甲胄是什么样的呢？

古代的帝王很多时候都要亲临战场，虽然不至于亲自去策马杀敌，但战场上枪林箭雨毕竟不是闹着玩的。帝王穿的甲胄一定要起到最好的保护作用，但是一不能太重，二不能太厚，转动还要方便，做工还要精细……

谁让帝王是一国之尊呢？连打仗都要这么讲究，可是，帝王的甲胄到底是什么样的呢？

故宫藏有一套清代的金银珠云龙纹甲胄。我们通过它，大概可以想象一下清代帝王的甲胄通常是什么样的。

乾隆的甲胄

乾隆皇帝戎装像

它通身缠绕着 16 条龙，形状生动，穿插于云朵之间。甲胄是用约 60 万个小钢片连接起来的，每个钢片厚约 1 毫米，长 4 毫米，宽 1.5 毫米，钻上小孔，以便穿线连接。据说，为制造这套甲胄共用了 4 万多个工时。

好家伙，真是极其精巧啊！

张良与《太公兵法》

张良 (? ～公元前 186 年)，字子房，西汉杰出的军事谋略家，与萧何、韩信同被称为汉初三杰，被封留侯，谥文成侯。

张良的先人是韩国人。当秦灭韩之后，他遣散三百家童，分散所有家产来收买刺客，为韩报仇。在博浪沙袭击秦始皇，可惜误中了随行车辆。秦始皇大为震怒，命令全国各地大举搜捕，捉拿刺客。为此，张良改名换姓，逃亡到下邳 (今江苏睢宁西北) 躲藏起来。

有一天，张良在圯上漫步，适遇一年迈老人。只见老人故意把鞋摔下桥底，慢慢地对张良说："小伙子，下去给我拾鞋！"张良感到太突然，想上前教训老人，但碍于老人的年纪，不忍下手，只好下桥取鞋。取鞋后，老人又令张良给他穿上，张良膝跪于前，小心帮老人穿鞋。事毕，老人非但不谢，反而大笑而去。片刻老人又返回，对张良说："孺子可教也，五日后的黎明，与我会此。"前二次会面，皆因张良迟到而散，第三次张良夜半赴约，先老人一步，老人才授给张良一本书，对他说："读此书则为王者师。后十年天下会大乱。十三年后你到济北谷城山下，那有一黄石就是我。"说完就快步走了。张良

张良像

很奇怪，次日天明一看书，方知书名为《太公兵法》。张良就日夜诵读此书，终于成为一个深谙韬略、足智多谋、文武兼备的“智囊”。

十年后果然爆发陈胜起义。十三年后张良去谷城，山下确有黄石一尊，便当做宝物供奉。等到张良死后，与黄石并葬。

这部神奇的《太公兵法》究竟是一部什么书呢？

《太公兵法》是指中国古代兵书《六韬》，因旧题周吕望太公撰，故名。但事实上，《六韬》是战国晚期至秦汉之间的作品。现存六卷，即文韬、武韬、龙韬、虎韬、豹韬、犬韬，共六十篇。该书继承并发展了前人的有关军事思想，论述了政治与战争的关系以及作战、治军等问题。对古代军队指挥机构和车、骑、步战的关系论述更为具体，为历代政治家、军事家所重视。

木牛、流马

在《三国演义》中，有诸葛亮制造木牛、流马的描述。

诸葛亮和司马懿打仗，诸葛亮制造了木牛、流马两种运输工具，用它们搬运粮米，非常便利，牛马都不用喂，可以昼夜转运不绝。

司马懿闻报，就派人去抢了数匹，命巧匠仿制二千余匹，并让军士驱驾木牛、流马，到大本营搬运粮草，往来不绝。

谁知诸葛亮派人以魏军打扮混入运输队，暗中将木牛、流马口中舌头机关扭转，牛马便不能行动。正当魏兵疑为怪异时，诸葛亮又派五百军士扮作神兵，鬼头兽身，以五彩涂面，边燃放烟火，边驱牛马而行。魏兵目瞪口呆，以为诸葛亮有神鬼相助，不敢追赶，诸葛亮轻而易举地获得许多粮草。

这么神奇的运输工具，在当时可算是巧思绝作了。《三国演义》描绘得太奇妙，以至于不少人认为木牛、流马纯系小说家的杜撰。

但考察史书，诸葛亮确实制造过木牛、流马。虽然没有《三国演义》

木牛（模型）

中描绘得那么神奇，但诸葛亮确实曾经以木牛、流马运过军粮。

但是，木牛、流马究竟是什么东西呢？多年来，围绕着木牛、流马，人们做过许多猜测。

第一种意见认为，木牛、流马是经诸葛亮改进的普通独轮推车。第二种意见认为，木牛、流马是新颖的自动机械。第三种意见认为，木牛、流马是四轮车和独轮车。但究竟哪种说法最符合木牛、流马的原貌，至今仍难评说。

世界上最早的大炮

《水浒传》里梁山一百单八将中有一位好汉叫“轰天雷”凌振。他是宋朝第一个炮手，善造火炮，能打十四五里远，“石炮落处，天崩地陷，山倒石裂”。

> 且说凌振把应用的烟火，药料，就将做下的诸色火炮并一应的炮石，炮架，装载上车；带了随身衣甲盔刀行李等件，并三四十个军汉，离了

> 东京，取路投梁山泊来。到得行营，先来参见主将呼延灼，次日先锋韩滔，备问水寨远近路程，山寨峻去处，安挑三等炮石攻打：第一是风火炮，第二是金轮炮，第三是子母炮。先令军健整顿炮架，直去水边竖起，准备放炮……

可不要认为宋朝就有类似后代的大炮了，《水浒传》的作者是明代人，所以他把很多明代的情况写到了书里。比如书中好汉喝酒，动不动就掏出几两散碎银子。明代由

☞ 萨尔浒大战的遗物——明军铁炮

于对外交流的加强，外国的银元大量流入中国，这种情况是有可能的。但是宋朝人肯定没有那么多银子可用，银子也是非常值钱的。

大炮也一样，真正的装子弹或炮弹的管形火器的铸造是从元代开始的，宋朝的火炮充其量只是拿火药包装在抛石机上而已。

在元代，管形火器开始用金属铸造了。原来用竹管做的火枪发展成金属做的火铳，原来用粗毛竹做的突火枪也发展成金属做的大型火铳。而且，当时的金属管形火器不但装火药，还装上铁弹丸或者石球。

元朝的管形火器起初是用铜铸造的。现在在中国历史博物馆里还藏有元朝的一尊铜炮——铜火铳。它是元宁宗至顺三年（1332 年）铸造的，也是迄今发现的世界上最早的大炮。

到 14 世纪，我国也用生铁来铸造火铳了。用生铁铸造比用铜铸造难得多，因为生铁管子容易裂缝。这不但说明当时我国制造武器的技术已经有高度的发展，也说明我国的冶金和铸造技术有了很大的进步。

用金属铸造的管形火器射程远，威力大，比以前的火药火器又大大前进了一步。

唐朝的大炮

唐朝末年，天下大乱，军阀割据，战争频繁。

古书记载，唐哀宗天佑初年，有个叫郑幡的人去攻打豫章。他命令士兵“发机飞火”把豫章的一座城门——龙沙门烧了。他自己带领一些人突火登城，浑身也被烧伤。

这个人有多么英勇，我们暂且不论，书中记载的“飞火”到底是什么东西呢？原来，这就是最早的火炮。

古代人打仗，距离近了用刀枪，远了用弓箭，后来还用抛石机把大石球抛出去打击距离较远的敌人。

这抛石机就是最初的炮，“炮”就是“抛”的意思，最早抛的是石头，所以用“石”字做偏旁。至于“火”字偏旁的“炮”字，本来是一种烹饪的方法和一种制药的方法。把这个“炮”字也作为武器的名词来用，那是用了火药以后的事情了。

抛石机这种武器大约在公元前 5 世纪就出现了。军事家使用火药以后，就又利用抛石机来发射火药。郑瑶用的火炮就是拿火药包装在抛石机上，用火点着后向敌人抛过去的。这种火炮可以说是最早用火药制造的燃烧性武器了。

威风八面的“震天雷”

宋理宗绍定五年（1232年），蒙古兵向金军占领的开封进攻。

开封城墙高大，金兵又是长弓大箭，死守不出。蒙古兵久攻不下，而且损失惨重。蒙古统帅想了一个办法，不再攻城，而改为掘城。可是蒙古兵在城墙脚下掘城，城上的金兵也不会干看着啊，金兵的弓箭是有名的。于是，蒙古兵又造了一种牛皮做的“洞子”用作攻城的器具。兵士就藏在“洞子”里头到城下去掘城。这种“洞子”很结实，金兵从城上用箭射它，根本射不透。

后来，金兵就用绳子把一种叫“震天雷”的武器沿城吊下，使它正好吊到牛皮洞子跟前突然爆炸，这样就把蒙古兵的牛皮洞子炸得粉碎。

“震天雷”是什么东西呢？

“震天雷”又叫“铁火炮”，它是用生铁铸成的罐子，里面装着火药。这种武器本来是用抛石机发射的，发射前先计算目标远近，然后加上一定长的引线，引线点着以后，立刻用抛石机发射出去。在它刚刚到达目标的时候，引线正好点着罐里的火药，轰隆一声就炸开了。这其实是我国古代一种威力很大的火药武器，它爆炸的时候发出很大的响声，百里以外都能听见，所以叫做“震天雷”。

在对付蒙古兵掘城的时候，金兵具体情况具体分析，改用绳子吊下“震天雷”，收到了很好的效果。

金兵的火药技术，是从宋朝学的。北宋末年，金军不断南侵。在战争中金兵学会了制造火药和火药武器的方法。而火药成为双方共有的武器又势必要求宋金双方不断改进火药武器。到13世纪，宋金双方就开始用金属制造的火药武器来打仗了。

宋朝的火药武器

北宋初年，由于生产力的发展，手工业相当发达，武器的制造也不断改进。就在这时候，用火药制造的火箭出现了。

宋太祖开宝三年（970年），有个叫冯继升的人向宋朝政府献上了做火箭的方法，宋朝政府还奖励了他。

早在火药使用以前，我们祖先就已经发明了一种火箭，箭头上绑着一个麻布包，包里有油脂等容易燃烧的东西。但是这种火箭燃烧不快，火力不强，所以在战争中它所起的作用并不大。冯继升就利用这种火箭的制造方法，把油脂改为火药，并且加上引线。打仗的时候，只要点着引线，用弓向敌人射过去就可以了。

宋真宗咸平三年（1000年），有个叫唐福的人又向宋朝政府献火箭、火球和火蒺藜三种火药武器。火球和火蒺藜都是火药包。火蒺藜的包中除了火药以外、还装着“铁蒺藜”。铁蒺藜上面有尖刺，像菱角形。用火点着药线后抛出去，不但会燃烧，里面的铁蒺藜还会把敌人打死打伤。

一窝蜂（模型）

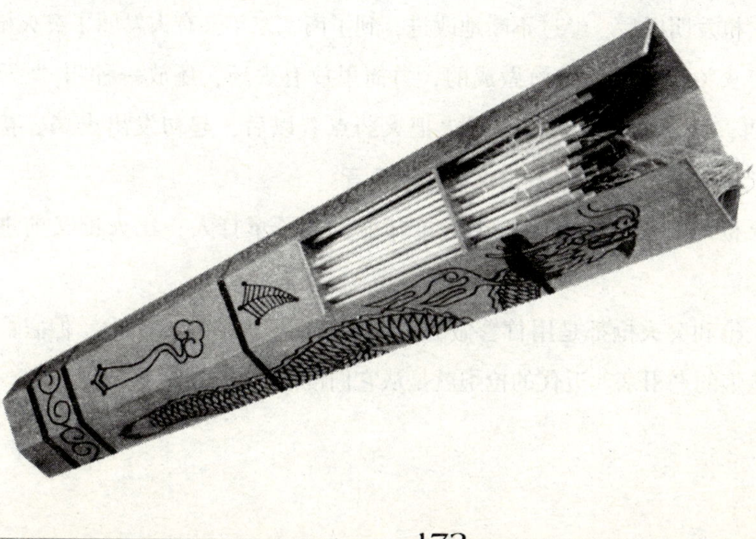

在北宋时候，火药的应用已经相当普遍。开封有个很大的兵工场，叫做“广备攻城作”，里面分为好多部门，其中有个“火药窑子作”就是制造火药的作坊。

宋神宗元丰六年（1083年），西夏的军队进攻兰州。北宋的军队为了抵抗曾经一次领用了火箭二十五万支，这是多么大的一个数目啊！

宋朝的火枪

在南宋，火药的使用已经很普遍了，火器也得到了进一步的发展。为了防御金兵的侵扰，南宋的军事家们不断地改进武器。宋高宗绍兴二年（1132年），有一个叫陈规的军事学家发明了一种管形火器——火枪，这在火器史上是一大进步。

虽然它叫火枪，但和后来我国所说的火枪可不是一回事。这种火枪是用长竹竿做的，竹管里装满火药。打仗的时候，由两个人拿着，点着了火后发射出去，用它烧敌人。

这是我国最早出现的管形火器。把火药装在竹管里做成火枪，在火药的应用上是个了不起的进步。用抛石机发射火药，不容易准确地打中目标，有了管形火器，人们就可以比较准确地发射和适当地操纵火药的起爆了。

火枪发明以后，经过不断地改进，到了南宋末年又有人发明了突火枪。

突火枪是用粗毛竹筒做成的，竹筒里放有火药，还放一种叫“子窠”的东西，可能是一种子弹。用火把火药点着以后，起初发出火焰，接着“子窠”就射出去，并且发出炮一样的声音。

火枪的作用只在烧人，突火枪却能发出子窠打人，比火枪又前进了一步。

火枪和突火枪都是用竹管做的。原始的管形火器威力不大，但它们是近代枪炮的老祖宗。近代的枪炮就是从它们慢慢发展来的。

“神火飞鸦”
——几百年前的“飞毛腿”

自从我国人民发明了火药之后就有了用火药做的火箭。不过，此时的火箭只不过是在箭上装火药，靠人力用弓发射出去而已。

后来，人们又发明了直接利用火药的力量来推进的火箭。这种火箭，箭上有一个纸筒，里面装满火药，纸筒的尾部有一根引火线。引火线点着以后，火药就燃烧起来，变成一股猛烈的气流从尾部喷射出去，利用喷射气流的反作用力火箭就能飞快地前进。这种由火药喷射推进的火箭与现在火箭的原理完全相同，可能在宋朝时候就已经发明了。

到了明朝，有人为了使火箭发挥更大的威力，把几十支火箭装在一个大筒里，把各支火箭的药线都连到一个总线上。用的时候，将总线点着，传到各支火箭上，就能使几十支火箭一齐发射出去，威力很大。

明朝初年，还有人根据火箭和风筝的原理发明了原

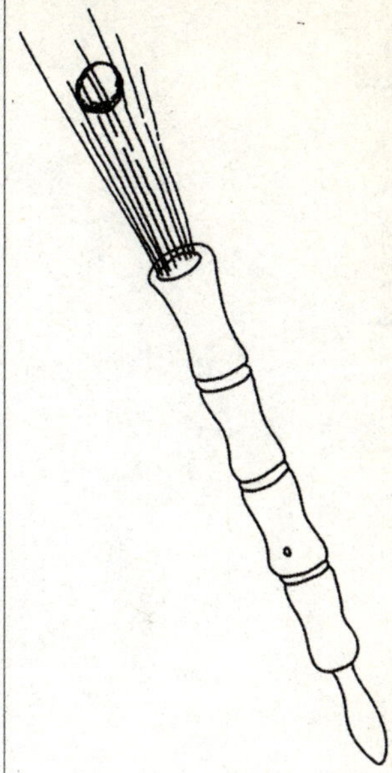

突火枪

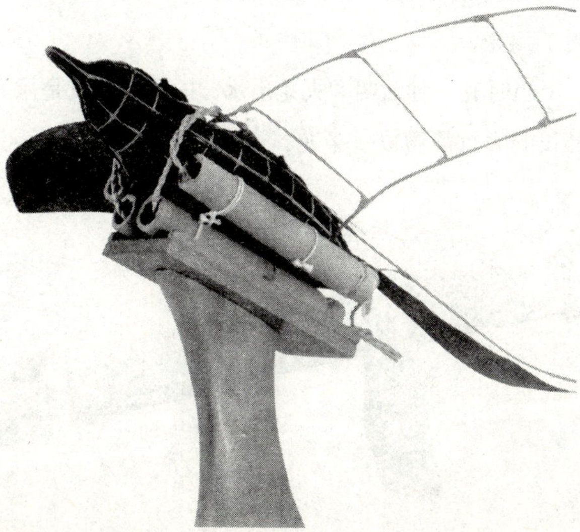

“神火飞鸦”(模型)

始的飞弹，这就是“神火飞鸦”。

“神火飞鸦”就是用竹篾扎成的“乌鸦”，它的内部装满火药，发射以后，能飞一百多丈远才落地。落地时，装在“乌鸦”背上跟起火相连的药线也烧着了，引起“乌鸦”内部的火药爆炸，在陆地上可以烧敌人的军营，在水面上可以烧敌人的船只。在冷兵器时代，这是一种很厉害的火器。

明朝的两级火箭

在14世纪末，曾经有一位官员突发奇想：如果在一把椅子后面装上四十六支大火箭，人坐在椅子上两手拿着两个大风筝，然后叫人用火把这些火箭点着，借着火箭推进的力量和风筝上升的力量能不能使自己向前方飞去呢？他这一奇想当然没有成功，但十分可贵的是这与现在喷气式飞机的原理非常相近。

虽然原始的喷气式飞机没有成功，但早在明朝，由于火药技术的进步，原始的两级火箭已经被人们发明了出来。

当时有一种名叫“火龙出水”的火箭，就是用一根五尺长的大竹筒做成一条龙，龙身上前后各扎两支大火箭。

佛郎机大炮

第一级火箭用来推动龙身飞行。在龙腹里也装几支火箭，这是第二级火箭。使用的时候，先发射第一级火箭，它飞到两三里远后引火线又烧着了装在龙腹里的第二级火箭，它们就从龙口中直飞出去，焚烧敌人。火龙出水就是原始的两级火箭。

明朝技术水平最高的火箭，发射出去还能再飞回来，这种火箭叫“飞空砂筒”。这种火箭是把装上炸药和细砂的小筒子连在竹杆的一端，再用两个“起火”一类的东西一正一反地绑在竹杆上。点燃正向绑着的“起火”，整个筒子就会飞走，当运行到敌人的上空时引火线点着炸药后小筒子就下落爆炸；同时，反向绑着的“起火”也被点着，使竹杆飞回原来的地方。这种“飞空砂筒”不但是一种两级火箭，而且还能飞出去又飞回来，真是巧妙极了。

十八般武艺

“十八般武艺”的说法在我国民间有巨大的影响。人们一提某位将领或者大侠武艺高强，便说他是“十八般武艺样样精通”。那么，十八般武艺到底指的是哪十八般武艺呢？

十八般武艺的说法最早见于宋代的戏文《张协状元》，当时是泛指各种武艺，并不是说真有十八种武艺。后世有关其内容的说法有多种。

在元曲中，有一出《逞风流王焕百花亭》的戏，戏中说：“若论着十八般武艺，弓弩枪牌、戈矛剑戟、鞭链挝锤。”

施耐庵著的《水浒传》里提到了另一种说法：“那十八般武艺：矛锤弓弩铳、鞭简剑链挝、斧钺并戈戟、牌棒与枪杈。”

还有一种说法是这样的：“十八般即一弓、二弩、三枪、四刀、五剑、六矛、七盾、八斧、九钺、十戟、十一鞭、十二锏、十三挝、十四殳、十五叉、十六把头、十七绵绳套索、十八白打。”白打就是拳术。

历代“十八般武艺”所指的这些种目反映了中国古代武艺的概貌，但并未包括武艺的全部种目，例如抛射兵械中还有飞刀、袖箭等等；长兵器中还有抓子棒、三尖两刃刀等抓棒合体或由刀、锤等器加长柄杆而改制成的兵械；短兵器中还有橛、鞭杆以及匕首、鸳鸯铙、阴阳锐、状元笔、铁尺等短小兵械；软兵器中还有绳镖、三节棍、飞挝等等。

百兵之祖与百刃之君

刀是武术器械中最流行的一种，它位居十八般兵器之首。刀的种类很多，主要有长柄朴刀、长柄大刀、短刀、双刀等，此外尚有诸如鳞角双刀、八卦刀、三尖两刃刀等。

由于刀的形状不同，练法也各不相同，内容十分丰富，常见的有太极刀、六合刀、梅花刀、八卦刀等。诸路刀法尽管手法各异、风格各异，但都具备迅猛剽悍、有力的特点。

清代镶铁把金桃皮鞘腰刀

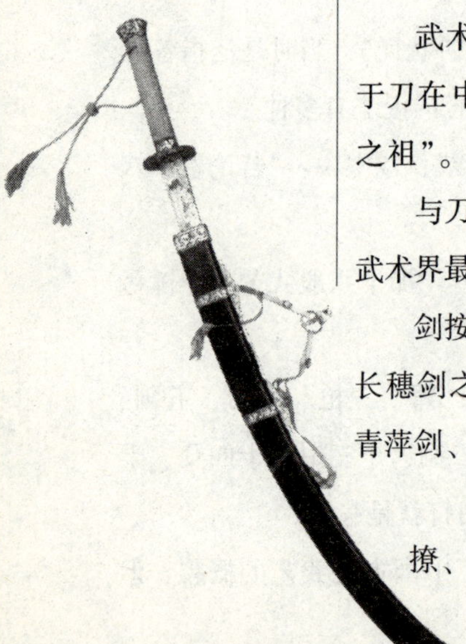

武术界常用“刀如猛虎”来形容刀的敏捷特性，由于刀在中国兵器史上的特殊地位，又被称作“百兵之祖”。

与刀并驾齐驱的当属“剑”。自古以来，剑一直点是武术界最常用的兵器之一，有“百刃之君”的美称。

剑按种类有单剑、双剑、双手剑、反手剑、短穗剑、长穗剑之分。传统剑法有：武当剑、太极剑、峨眉剑、青萍剑、昆仑剑、少林剑、螳螂剑等。

剑术多以套路运动为主，以点、劈、刺、崩、撩、挂等剑法为主。剑术种类尽管繁多，但均具有潇

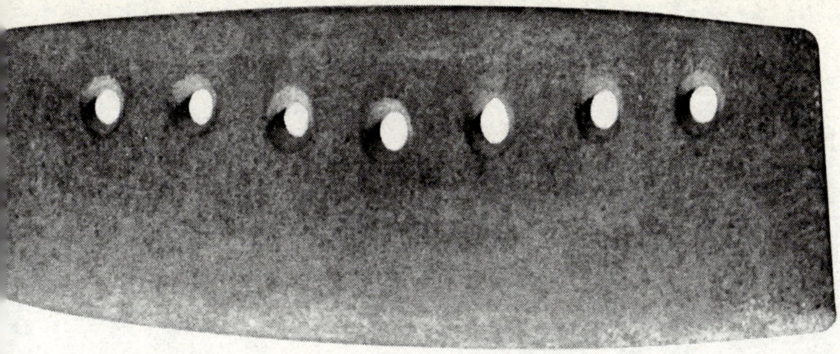

江苏南京北阴阳营出土的新石器时代的七孔石刀

洒飘逸等特点，自古就有“剑如飞凤”的说法。

先秦时代的剑崇拜

《越绝书》记载了这样一件事：

晋、郑两国兴师围困了楚国的都城，楚国一连三年都没能解围。有一天，楚王亲自登上城楼，挥舞干将和欧冶子所铸的太阿宝剑指挥作战。奇怪的事情发生了，一向低迷的楚军忽然士气大振，展开了大反攻。结果晋郑联军被打得“三军破败，士卒迷惑，流血千里”。三年之围一举而解。

楚王在高兴之余也感到很奇怪，于是向大臣风湖子发问：“夫剑，铁耳，固能有精神若此否?”就是说剑只是一种铁制的武器，它真的有这样的精神力量吗?

风湖子做了肯定的回答，他说：“铁兵之神是确实存在的，而且它与‘大王之神’是相通的。所以大王用剑一挥，我军自然士气大振了。”

这当然是一个传闻，但是这个故事也说明了一个问题，就是当时的人们确实认为“剑”这种兵器中存在着某种神秘的超越性因素，所以“剑”的威灵和力量大大超过了其他所有的兵器。

越王兀北古剑

先秦时代，在习武崇剑的社会风气中，渗透着一种日甚一日的对剑的神秘感。所以，剑作为一种尚武的古老传统的象征物和当时的先进武器的标志体现出了一种超人的不可抵挡的威力。

剑之在左，青龙之象

古书上记载，春秋时有一位铸剑的名匠叫干将，他与妻子莫邪为吴王阖闾铸剑时，“使童女童男三百人鼓橐装炭”，莫邪还虔敬地将自己的头发、指甲剪下投入熔炉中以砾金，终于铸成了两把宝剑。

古书上还有一个记载，说是吴国有一个工匠为了铸成宝剑，竟然“杀其二子，以血衅金”而铸剑。干将的师父铸名剑时也是“夫妻俱入冶炉中，然后成物”。

在这些传说背后，有没有文化上的深层含义呢？

这其实就是一种类似歃血、献牲的仪式化的行为。铸剑时的这种虔敬的仪式化行为在远古可能是一种杀俘或自殉的嗜血的野蛮仪式。到了先秦社会，剑崇拜心理的产生和强化就导致这种行为方式的产生和广为流传。

☞ 战国人首纹青铜剑

在古代的典籍文献中，只有剑这一古兵器常有变形升飞之类传说的记载。旧小说中，剑仙还能“飞剑斩人头”或者“御剑而行”，而且这类变形还往往跟龙的形象有关。

《晋书·张华列传》中，记述了丰城县令雷焕因掘地得到了一把宝剑。后来雷焕去世时，把宝剑传给了儿子雷华。后来有一次雷华渡河，“剑忽于腰间跃出堕水。使人没水取之，不见剑。但见两龙各长数丈，蟠萦有文章”。

董仲舒在《春秋繁露》中谈服饰制度时说：“剑之在左，青龙之象也。”在古代社会，剑与龙常常被认为能互相化育、合为一体。龙在上古时期是华夏诸族普遍崇拜的一种图腾。一方面龙的原型是蛇，龙的图腾来源于对蛇的生命力的崇拜。另一方面龙又是阳类生物的象征，它是雄性和阳刚之气的体现。

看来，先秦对剑的崇拜心理积淀着我们远祖对雄性生命力的信仰和崇拜啊！

从“黑旋风”李逵谈兵器斧

却见十字路口茶坊楼上一个彪形黑大汉，脱得赤条条的，两只手握两把板斧，大吼一声，却似半天起个霹雳，从半空中跳将下来，手起斧落，早砍翻了两个行刑的刽子手，便望监斩官马前砍将来。

这是古典名著《水浒传》第三十九回“梁山泊好汉劫法场，白龙庙英雄小聚义”中的一段，熟悉传统文化的读

黑旋风——李逵

者可能早就看出这是在描写梁山好汉"黑旋风"李逵。"黑旋风"李逵性格粗鲁，手持两把板斧，是古典文学中非常典型的一位好汉。而且他的兵器"两把板斧"与他的性格非常相配。可以想象，如果《水浒》的作者让李逵拿着一条花枪，恐怕就不伦不类了。

那么，这"两把板斧"是施耐庵杜撰的呢，还是历史上真有人把它用作兵器呢？

云雷纹钺

我国的史籍中对斧兵器的记载非常少，而古典小说中却有很多。如《三国演义》等都有使斧的武将。从这些小说反映的情况大概可以看出斧是历代都曾使用的兵器。

斧的起源非常早，原始人就曾经做过石斧。而最早的铜斧见于商代，斧上的雕刻嵌镂极为精美，它并不是打仗的兵器，而是仪仗的器用。周代用斧风气不如商代，只作为砍伐的工具，或为乐舞的仪仗和刑罚的"法器"。

斧虽不作为主要兵器使用，但各代均有使斧者，尤其生活在北方地区的民族喜练斧类兵器。

宋曾公亮的《武经总要》中载的大斧、凤头斧都是隋、唐的遗制。元代军队喜用小斧、大斧和宽体大斧。清代将士喜用双斧，斧柄仅有尺余，斧刃甚小，双斧均可插腰，战场上使用灵活。

斧的主要用法有：劈、砍、剁、抹、砸、搂、截等，舞动起来显得粗犷、豪壮，可以显出劈山开岭的威武雄姿。

谁开创了武当派

金庸先生的《倚天屠龙记》说张三丰本名张君宝，为少林火工头陀觉远和尚的徒弟，师徒因违反少林不准擅自学武的禁令被赶了出来，后来他根据少林功法而变通，遂创武当派。

武当为内家之宗，这是当代武林的共识。那么武当派究竟是如何开派的？武当拳法又是怎么样的呢？

有一种说法是：武当派为宋人张三丰所创。据说张三丰是北宋末年武当山的道士，徽宗召他入京，道遇贼人，梦中元帝授其拳法。次日张三丰孤身杀贼百余人，遂创立内家拳派。

又有传说张三丰原出少林，精通少林五拳十八式，将其统纳于十段棉长拳之中，变战斗搏击之法为御敌防卫之法，风格遂与少林大为不同，因此独树一帜，开创武当门派，又称内家。十年功成，声誉大振，又传出太极、形意、八卦等支派。

历史上确有张三丰其人，他本名张全一，又名张君宝，三丰是他的道号，因为不修边幅，又被称作邋遢道人。有人说他是宋代人，有人说他是金代人，也有人说他

武当山金顶

是元代人、明代人。因为他在道教传说中十分有名才被抬出来做了武当派的祖师爷。这种说法其实并不是真实的历史。

武当派的正式流传，大约开始于明代。明成祖朱棣登基后推崇武当道教，调集民工三十万人，用了十三年时间，在武当山修建了三十三处建筑群，号称八宫、二观、三十六庵堂、七十二岩庙等，绵延一百四十华里，建筑格局均依经书上的真武修仙故事由工部设计而成。至今武当山紫霄宫正殿梁上仍有大明永乐十一年（1413 年）、十二年圣王御驾敕建的字迹。三天门绝壁上则有“一柱擎天”四个大字，蔚为壮观。天柱峰顶太和宫又称金殿，殿中供奉张三丰铜铸鎏金坐像。武当道教的黄金时代是从这时开始的，武当的武术门派也是在这个黄金时代产生的。

既然武当派不是张三丰所创，那么武当拳也就不是张三丰所传了。历史上记载最早传授内家拳的是陕西人王宗，他传授给温州的陈州同，到张松溪手里遂蔚为大观。

张松溪，正德元年（1506 年）前后生于温州，明光宗泰昌元年（1620 年）左右卒于贵州玉屏。张松溪自称得张三丰真传，为武当派第三代传人。他后来游历江湖，又得峨眉真传，创立武当松溪派内家拳，武当派从此名声大震。

武当派的功法特点是强筋骨、运气功。强调内功修练，讲究以静制动，以柔克刚，以短胜长，以慢击快，以意运气，以气运身，偏于阴柔，主呼吸，用短手武当功法不主进攻，然而亦不可轻易侵犯。

总之，武当和少林最初都是以地域来命名的拳系，到了后来便大大超出地域的范围。武当派并不只是在武当山正如少林并不只是在少林寺一样，它代表了一大批具有类似特点，如主静、主柔、出自玄门道教的武功派系，是一个广泛的概念。

枪扎一线，棍打一片

枪是从长矛演化而来的。其使用灵活，变化多端的特性使其得到了“兵中之王”的美誉。

枪的种类很多，有大枪、花枪、双头枪等。日常人们练习的枪，其长度相当于人正身站立，手臂直举的高度。枪的技法以拦、拿、扎为主，还包括点、穿、挑、拨、扫等诸多技法。有着变换迅疾、吞吐自如、刚柔相济、潇洒大方的特点。

与枪齐名的则是棍，棍是传统器械中各种长兵器的基础。

棍的种类很多，各类风格迥然有异，如齐眉棍、阴手棍、风魔棍等。但技法大多以劈、点、崩、扫、抡、戳、拦、撩等为主，动作快速刚劲、力贯棍梢。演练时身械合一，呼呼生风，气势勇猛、变化莫测。

“枪扎一线，棍打一片”，用这两句来形容枪和棍的演练风格可谓十分贴切。

九齿钉钯的历史渊源

《西游记》中塑造了众多鲜明可爱的形象，猪八戒就是其中之一。他既具猪态，又有人形。更令人拍案叫绝的是《西游记》的作者给猪八戒一柄九齿钉钯当作兵器。这件兵器既与猪八戒的身份符合，又与猪八戒的性格相符。每当猪八戒瞪着眼睛，摇着猪头，嗷嗷怪叫，挥舞着钉钯冲向妖魔鬼怪的时候，谁能不哑然发笑呢?

钯头本是一种农具之一并不是兵器。据说，这是神农发明的，用以耪地，播种五谷。如此看来，钯的历史非常悠久，与弓弩矛盾的产生时间无分前后。它本来是木质的，在春秋战国铁器走上历史舞台之后，钯的头部改为铁齿。

钯用作兵器是《西游记》作者的奇思妙想，还是历史上真有其事呢?

在很早的时候，钯就作为十八般兵器之一被记载在古书中，这就是古人用钯作兵器的证明，也可以看出在武器中钯也是不可或缺的。但是把农业用的钯用作兵器的起始年代则无从考究。

《西游记》中写猪八戒用钉钯，虽然是属于小说范畴，不足为据，但是钯盛行于当时武艺中大概是可以想见的。钯有齿，可以筑击；齿上有盘，后接长柄，形略如兵器中的“镋”，可以冲击；柄又能挑格肘击，确实是一件优秀的兵器。

可惜的是，自从兵器史上铁器进化为火器，人们便不再像以前那样钟情武艺和冷兵器，钯法已经基本失传了。

南拳

南拳的拳师自清代以来，自“反清复明”始，以“行侠仗义”终，在武侠传奇小说和影视中占有重要的地位。

比如福建南少林，传说是一个反清的大本营，在那里集结了洪门子弟和三山五岳的侠雄豪客。

清兵火烧南少林，洪熙官来到广州后隐居在大佛寺，与佛缘和尚共开武馆。又如方世玉为广东“少林十虎”第二人（第一人为洪熙官），其母苗翠花是“少林五老”中的苗显之女，有“一代女侠”之称。方世玉成为众多侠文化作品的主人公，晚清南拳又出现了“广东十虎”，其中的第三位铁桥三、第五位苏乞儿也是许多侠文化作品中的主人公。

南拳是明代以来流行于南方的一大类拳种的总称。南拳据说最初是出于南少林，在明代逐渐形成独立拳系。南拳总的特点是步稳、拳刚、势烈，少跳跃、多短拳、擅剽手，以声、气修力。

南拳种类繁多，如福建的少林桥手、五祖拳，广西的周家拳、屠龙拳，浙江的洪家拳，湖北的洪门拳、鱼门拳，湖南的巫家拳、洪家拳等。

南拳的代表是广东南拳，广东南拳的代表是“五大名家”，他们是：

一、洪拳。洪拳源自少林寺，相传为洪熙官所创。洪熙官本为福建漳州茶商，创拳后传给南少林的洪门五祖，洪拳后来传入广东，包括五行拳和十形拳，历代著名高手有洪文定、陆亚彩、觉固禅师、铁桥三、林福成、黄泰、黄飞鸿、林世荣等，是南拳中最大的一派。

二、刘拳。据说为刘三眼所创，也有说是下四府刘生或刘青山所创的，流传于雷州半岛。

三、蔡拳。由福建南少林寺僧蔡伯达、蔡九仪所创，后来流传于广东中山等地。

四、李拳。相传由福建南少林寺僧李色开所创，又由广东新会人李友山传授。李拳流行于广东中山、河源、高州、龙川、广州等地。

五、莫拳。相传为福建南少林至善禅师所创，流传于珠江三角洲一带。

五大名拳多数从福建南少林传来，和洪门天地会多少有些联系。它不仅是武术门派，也是极为活跃的江湖派别。

武术中的“八法”

我国传统武术中的“八法”指的是“手、眼、身、步、精神、气、力、功”，它们是构成套路技术的八个要素。

“手”指“手法”，要求手臂如流星轻快，敏捷有力，拳法打出寸劲。

“眼”即“眼法”，是对头部运动的要求。在武术运动中必须做到：眼随手动，目随势往，明快锐利。

“身”是躯干运动的方法，有闪、展、转、冲、撞、挤，等不同的方式。

“步”即“步法”，要求快而稳，不掀脚，不拔跟，不受上肢影响。

“精神”是套路演练时的意念、气质，也就是内在的精、气、神的外在表现。

“气”指运动中的呼吸。由于运动对氧的需要量大，故在运动中要呼吸得法并同机体各器官密切配合。

“力”指劲力，也就是指动作的用劲、发劲，劲力有刚有柔，也有明劲、暗劲之分。

“功”即是身体素质和技巧等的表现，也可认为是劲的发放，通常称为功底。

“八法”关系到人体的上肢、头部、躯干、下肢、精神、呼吸、力量和技术等各个部分，体现了人体在运动中的“内”与“外”的对立统一。前四法指“外”，是对身体外在表面形体的各种动作的要求；后四法指“内”，是对意识、精神、劲力以及各内脏器官机能协调配合而言。

在武术中内在活动和外在活动形成一个统一的整体，前人称之为形神兼备。

职业刺客的起源

现在的电影、电视剧中经常出现这种形象：身穿一身黑色的夜行衣，黑布蒙面，背插单刀，怀有轻功，上房如行平地，而且一般都会用飞镖等暗器……这就是“刺客”。

刺客在我国可是一个非常古老的“工作”了，专门以“行刺”为职业的刺客大概在春秋末期就已经出现了。晋国的豫让、吴国的专诸等都是春秋末期最为著名的刺客。

晋国的豫让曾受到权臣智襄子的尊重和重用。后晋国内乱，权臣相争，智襄子被赵襄子联合魏、韩两家所杀。赵襄子与智襄子仇恨最深，所以赵襄子把智襄子的头颅刷上漆做成饮器。

这下激怒了好汉豫让，于是他改名换姓，带匕首潜入厕所，想行刺赵襄子，被发现后，赵襄子赞叹他的“义士”品格而释放了他。豫让矢志不渝，异日，漆身为癞、吞炭为哑，连妻子都认不出他，在桥下伏杀赵襄子，再次失败。赵襄子怜其忠诚，脱下衣服给豫让，成全他的“死名之义”。豫让连刺衣服三下，大呼："我对得起地下的智伯了！"伏剑自杀。他的死震惊了整个赵国。

吴国的专诸也是一名豪杰。伍子胥从楚国流亡到吴国途中，见专诸是一位敢于赴难的勇士，就与之结交。当时，吴王僚的堂兄公子光暗中伺机夺王位。伍子胥便将专诸推荐给公子光。公子光厚待专诸。九年后，吴军主力远出，公子光见时机已到，便请专诸行刺吴王僚，并表示会照顾好专诸所牵挂的"老母弱子"。

这样，公子光请王僚喝酒。王僚的兵从皇宫一直排到公子光的家门口，刺客根本不可能下手。但在酒过三巡之后，公子光佯为足疾回避，专诸冒充厨师，把藏有匕首的烤鱼端到王僚面前，从鱼腹中拔出匕首，刺死王僚，专诸也被王僚的随从杀死。这样，公子光遂自立为王，就是春秋五霸之一的吴王阖闾。

到了战国时期，有名的刺客更是举不胜举，其中最为著名的就是刺秦王"图穷匕首现"的荆轲。

专门刺客的出现在春秋末期是一个值得关注的社会现象。一批生活在民间、不图富贵、崇尚节义、身怀勇力或武艺的武士与某些权贵倾心相交，为报知遇之恩而出生入死，虽殒身而不恤。这正是侠的品格，也开了后世的"武侠"之风。

武当八卦掌

武当八卦掌是一种把攻防招术和导引方法融合于绕圆走转之中的拳术，原名"转掌"。后世传习者多以转掌的走圈似循八个方位的连线，其技法讲究纵横交错、随走随变；其击法讲究随机应变，以变应变，合于《周易》中"刚柔相摩、八卦相荡"，运动不息、变化不止之理而惯称为八卦掌。

关于此掌的起源，传说不一，据考证为清咸丰年间河北董海川所创。此掌系将极似道教"转天尊"的绕圆走圈导引术和武术攻防方法融合成基本运动形式，采用“易理”论述拳术运动规律，形成“以动为本、以变为法”的基本拳理。武当八卦掌以站桩和行步为基本功，以绕圆走圈为基本运动形式。走转的足迹路线分为走阴阳鱼、走八卦图、走九宫等，它充分发挥掌的优势，以掌代拳施捶打之能，以掌代勾行拔掳之巧，形成了该掌系手法几乎全是掌法的特点。八卦掌不仅是一门技击术，也是一门健身术。

保镖与会友镖局

甲：我师父走了，我们的功夫可不能搁下，天天照样儿练。有一天我们哥俩正练着呢，有人叫门，打开大门一看，这个人手拿拜匣跟我打听：“请问这儿有江米小枣的高足，白糖馅的吗？”我说：“我是馅的，白糖的里边有，我给你拿去。”

乙：买粽子的？

甲：不是。我接过拜匣一看，里边有一请帖，北京前门外粮食店会友镖店李掌柜请我们哥俩保趟镖，你说去不去？

乙：去呀！

甲：我说：“你先行一步，我们哥俩随后就去。”我们哥俩商量好了，转天收拾行囊包裹，带着随身家伙，直奔北京前门外粮食店。来到镖局子门口一看，老少英雄都出来迎接我们哥儿俩，都是三山五岳的英雄，四面八方的好汉，那真叫穿红的红似血，穿白的白似雪，穿黄的黄似蟹，穿黑的黑似铁，真叫奘脖梗，大脑瓜，奘腿肚子大脚丫，咳嗽都带二踢脚的——啧儿，叭！

乙：噢！

这是脍炙人口的传统相声《大保镖》中的一段，那么，保镖是干什么的呢？会友镖局又是什么组织呢？是说相声的编的还是历史上真有其事呢？

原来，古代的社会很不安宁，水陆交通也很不方便。后来随着经济发达，各地区之间交易趋于频繁，就有会武术的人，住在客店里，等候客人雇用。雇好后，就推着一辆小车子上路。一天要走八十里，这是保镖的起源。

后来保镖的买卖越做越发达，就自己立字号，备车马，听候客商雇用，这就是镖局。

开镖局先要打点当地台面上的人物，下帖请官私两方有头有脸的朋友前来捧场，这个叫“亮镖”。如果人缘不好，在亮镖时有人来“踢场子”，那镖师如果手底下没两下子功夫就干脆关门算了。亮镖没出事，镖局才算立住了脚。

在清代，镖局十分发达。行人旅客，官员上任、卸任地方官运送饷银和各种款项，商人运送货物等都要委托镖局派镖客沿途保护；商人、百姓往各地汇款也多由镖局代送；一些大宅门、大商号也都要找镖局看家护院。

镖局的买卖叫做“出镖”或“走镖”，由总镖头或是经验老道独当一面的镖头“押镖”，带着几个有功夫底子的镖师和一群手脚利落的伙计。银货锁在“镖车”里，车子上插着“镖旗”。走镖沿途要喊“镖号”，也叫“喊趟子”。

如果在途中遇到状况，镖头就会下令“轮子盘头”，意思是叫所有的镖车围成一个圈，准备御敌。但是，与电影电视剧不同的是真正的保镖不到最后关头是不会打起来的。过去说，闯江湖混口饭吃，只有一半是仗着武艺，另一半则是靠嘴里满口的江湖黑话，遇见劫镖的就要用江湖黑话好言应付。有时候两下没说好，双方就得交手。

保镖是要冒生命危险的，保镖死在劫镖手里的事也是经常发生的。光绪二十七年，会友镖局由保定往天津运十万两现银，在下西河遇到有人劫镖，双方交手，结果八名保镖中死了四个。

走镖生活十分艰苦、紧张。每天天不亮就要抓早赶路，路上辛苦不说，精神还要高度集中，随时准备和劫镖者打交道。晚上住客店，喝水吃饭，但不能洗脸，因为总在外面走道，一洗脸，让风一吹就要裂口子。夜间还必须派人守夜，以防有什么闪失。

清朝末年北京城有八个大镖局，其中，“会友镖局”是经营时间最久，信誉最高，规模最大的一个。它开设在前门粮食店南头路西，南京、上海、西安、天津等地都有分号。镖局的规矩和一般商号不同，都是师徒关系。当时，“会友镖局”共有师徒一千多人，镖局子的人全凭一身功夫吃饭。李尧臣、宋彩臣、鲁玉璞等都是会友镖局中武艺超群震响当时的著名镖客。直到1921年，由于火车、邮电事业的发展和热兵器的盛行，自清初开设历经三百多年的会友镖局才最后解散。

足球兴于中国

且说东京开封府汴梁宣武军有一个浮浪破落户子弟，姓高，排行第二，自小不成家业，只好刺枪使棒，最是踢得好脚气球。京师人为了顺口都叫他高球。后来发迹，便将气球那字去了“王旁”，添作“立人”，改作姓高名俅。

……

高俅看时，见端王头戴软纱唐巾，身穿紫绣龙袍，腰系文武双穗条，把绣龙袍前襟拽起扎揣在条儿边，足穿一双嵌金线飞凤靴，三五个小黄门相伴着蹴气球。

宋代蹴鞠铜镜

高俅不敢过去冲撞，立在众人背后伺候。也是高俅该当发迹，时运到来，那个气球腾地起来，端王接个不着，向人丛里直滚到高俅身边。那高俅见气球来，也是一时的胆量，使个“鸳鸯拐”踢还端王。端王见了大喜，便问道：

“你是甚人？”

高俅向前跪下道：“小的是王都尉亲随，受东人使令，送两般玉玩器来进献大王。有书呈在此，拜上。”

端王听罢，笑道：“姐夫真如此挂心？”

高俅取出书呈进上。端王打开盒子看了玩器，都递与堂候官收了去。那端王且不理玉玩器下落，却先问高俅道：“你原来会踢气球？你唤做甚么？”高俅叉手跪复道：“小的叫高俅，胡乱踢得几脚。”

端王道：“好，你便下场来踢一回。”

高俅拜道：“小的是何等样人，敢与恩王下脚！”

端王道：“这是齐云社，名为天下圆，但踢何妨。”

高俅再拜道：“怎敢？”

三回五次告辞，端王定要他，高俅只得叩头谢罪，解膝下场。才几脚，端王喝彩，高俅只得把平生本事都使出来奉承端王，那身份，模样，这气球一似鳔胶黏在身上的！端王大喜，那肯放高俅回府去，就留在宫中过了一夜。

……

未两个月，哲宗皇帝晏驾，没有太子，文武百官商议，册立端王为天子，立帝号曰徽宗，便是玉清教主微妙道君皇帝。

登基之后，一向无事，忽一日，与高俅道：“朕欲要抬举你，但要有边功，方可升迁，先教枢密院与你入名。”只是做随驾迁转的人。后来没半年之间，直抬举高俅做到殿帅府太尉职事。

蹴鞠

这用古典名著《水浒传》中对高俅发迹的描写，由一个市井无赖青云直上当了“殿帅府太尉”。看来，高俅会踢两脚足球是他发迹的最大本钱。这不是小说家的杜撰，中国古代的足球其实是非常发达的，当然那时的足球与现代足球还是有很多不一样的地方。

足球是最具世界性的体育运动，而古代足球运动的最早发源地就在中国。那会儿的足球不叫足球，而被称为“鞠”。早在战国时期民间就已流行踢球游戏了。足球运动在汉代成了训练军士的一种方法。骠骑将军霍去病在对匈奴作战间歇时，曾在塞外设球场亲自带领将士参加足球竞赛。

到了宋代，足球运动更为普遍。有一幅宋人绘的《宋太祖蹴鞠图》，生动地描绘了宋太祖赵匡胤和其弟赵光义同大臣赵普、石守信等六人踢球的情景。宋徽宗还曾经作诗赞扬蹴鞠，可见宋代帝王对踢球运动痴迷的程度。

不但是帝王将相喜欢，在宋代铜镜、陶器上都绘有男女踢球的图像，说明宋代的老百姓不论男女老少都十分喜爱蹴鞠活动。这倒和现代人对足球运动的痴迷很像。

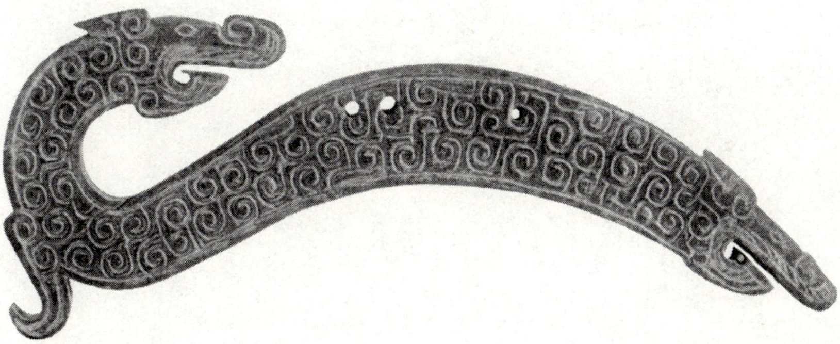

宗法礼仪

九鼎与九州

据说，大禹治水后分天下为九州，铸成九个大鼎以象征九州，并把九鼎当成了政权和王权的象征传了下来。

楚庄王八年（公元前606年），楚庄王讨伐陆浑之戎，一直到达洛阳。周定王派王孙满去慰劳楚庄王，楚庄王趁机问“周鼎”的大小轻重。王孙满没有回答楚庄王，而只是说夏代兴盛的时候，用九牧所进贡的铜铸成九鼎，夏亡迁于商，商灭迁于周。并说，如果本质美好光明，鼎虽小而犹重；反之，虽大犹轻。“周德虽衰，天命未改，鼎之轻重，未可问也。”这就是成语“问鼎中原”和词语“鼎迁”的来历。

商代虎耳方鼎

可是，秦灭东周时似乎并未得到九鼎。据《史记》记载，九鼎在迁往咸阳途中，有一鼎被大风刮到江苏北部泗水中。据说秦始皇东巡至彭城（今江苏徐州）时，曾“斋戒祷祠，欲出周鼎泗水。使千人没水求之，弗得”。而还有的古书说，鼎被刮到四川的鼎鼻山。鼎鼻山下江水清澄，因能看到鼎鼻，故名此山为鼎鼻。

然而，如果九鼎中仅失一鼎，那么尚有八鼎，汉取代秦，八鼎当归汉。可是秦王子婴投降刘邦时，所能交出的只有皇帝玉玺而没有鼎，况且此后再未见夏鼎复出。难道鼎真的被风刮走了？《战国策》说周得九鼎时，每一鼎需要九万人来搬运，九鼎的搬运需八十一万人。究竟是什么风能卷走如此沉重的鼎？或曰《战国策》多夸大之词，那么鼎沉泗水，禹铸九鼎就只是传说了。

随着考古科学的发展，证明夏代，乃至夏代以前，确实已出现冶铜铸造业。如绝对年代早于夏代的陕西临潼姜寨遗址、属马家窑文化的甘肃东乡林家遗址以及大汶口遗址一号墓等就出土了铜器、青铜器。由此看来，夏铸九鼎的说法又不能绝对否定。看来，这九鼎之谜还有待后人研究。

皇帝的御膳

在封建王朝，皇帝有至高无上的权威。在高高的皇城内，人间帝王吃的都是什么东西？

溥仪在《我的前半生》中写道：皇帝吃饭，另有一套用语是绝对不准别人说错的，饭不叫饭而叫“膳”，吃饭叫“进膳”，厨房叫“御膳房”。到了吃饭时间——并无固定时间，完全由皇帝自己决定——吩咐一声“传膳”！跟前的御前小太监便照样地向守在养心殿上的太监说一声“传膳”！殿上太监又把这话传给鹄立在养心殿门外的太监。他再传给候在西长街的御膳房太监……这样一直传进御膳房里。不等回声消失，一个犹如过嫁妆的行列已经出了御膳房。这是由几十名穿戴齐整的太监们组成的队伍，抬着大小七张膳桌，捧着几十个绘有金龙的朱漆盒，浩浩荡荡直奔养心殿而来。

清代黄金器皿

进到明殿里，由套上白袖的小太监接过，在东暖阁摆好。平日菜肴两桌，冬天另有一桌火锅，此外有各种点心、米膳、粥品三桌，咸菜一小桌。食具是绘着龙纹和写着“万寿无疆”字样的明黄色瓷器，冬天则是银器，下托以盛有热水的瓷罐。每个菜碟或菜碗都有一个银牌，这是为了戒备下毒而设的。同样的原因，菜送来之前都要经过一个太监首尝，叫做“尝膳”。在这些尝过的东西摆好之后，我入座之前，一个小太监叫了一声“打碗盖”！其余四个小太监便动手把每个菜上的银盖取下，放到一个大盒子里拿走。于是我就开始“用膳”了。

所谓食前方丈都是些什么东西呢？隆裕太后每餐的菜肴有百样左右要用六张膳桌陈放。这是她从慈禧那里继承下来的排场，我的比她少，按例也有三十种上下。根据“宣统四年二月糙卷单”（即民国元年三月的一份菜单草稿）的记载，一次“早膳”的内容如下：

口蘑肥鸡、三鲜鸭子、五绺鸡丝、炖肉、肉片炖白

光绪黄地粉彩万寿无疆瓷碗

菜、黄焖羊肉、羊肉炖菠菜豆腐、樱桃肉山药、驴肉炖白菜、鸭条溜海参、鸭丁溜葛仙米、烧茨菇、肉片焖玉兰片、羊肉丝焖泡、炸春卷、黄韭菜炒肉、熏肘花小肚、卤煮豆腐、熏干丝烹掐菜、花椒油炒白菜丝、五香干、祭神肉片汤、白煮塞勒、烹白肉……

这些菜肴经过种种手续摆上来之后，除了表示排场之外，并无任何用处。它之所以能够在一声传膳之下迅速摆在桌子上，是因为御膳房早在半天或一天以前就已做好并煨在火上等候着。他们知道，反正从光绪起，皇帝并不靠这些早已过了火候的东西充饥。我每餐吃的实际是太后送的菜肴，太后死后由四位太妃接着送。因为太后或太妃们都有各自的膳房，而且用的都是高级厨师，做的菜肴味美可口，每餐总有二十来样。这些放在我面前的菜，御膳房的都远远摆在一边，不过做个样而已。

金錾云龙纹执壶

太妃们为了表示对我的疼爱和关心，除了每餐送菜之外，还规定在我每餐之后，要由一名领班太监去禀报一次我的进膳情况。这同样是公式文章。不管我吃了什么，领班太监到了太妃那里双膝跪倒说的总是这一套："奴才禀老主子：万岁爷进了一碗老米膳（或者白米膳），一个馒头（或者一个烧饼）和一碗粥。进得香!"

每逢年节或太妃的生日（这叫做千秋），为了表示应有的孝顺，我的膳房也要做出一批菜肴送给太妃。

这种吃法，一个月要花多少钱呢？《宣统二年九月初一至三十日内外膳房及各等处每日分例肉斤鸡鸭清册》记载如下：

皇上前份例菜肉二十二斤，计三十日份，例共六百六十斤

汤肉五斤 共一百五十斤

猪油一斤 共三十斤

肥鸡二只 共六十只

肥鸭三只 共九十只

菜鸡三只 共九十只

下面还有太后和几位妃的份例，为省目力，现在把它并成一统计表(皆全月分例) 如下：

太后—— 肉一千八百六十斤 鸡三十二只 鸭三十只

瑾贵妃—— 肉二百八十五斤 鸡七只 鸭七只

瑜皇贵妃—— 肉三百六十斤 鸡十五只 鸭十五只

贵妃—— 肉二百八十五斤 鸡七只 鸭七只

合计：肉三千一百五十斤 鸡七十四只 鸭七十四只

溥仪皇帝最后对御膳的评价是：

华而不实，费而不惠，营而不养，淡而无味。

僰人悬棺

僰人悬棺是明代以前的古代崖葬墓群，现在是全国重点保护文物。主要集中在四川的麻塘坝和苏麻湾两地，以将死者的棺木放置在悬崖峭壁上为特征。

什么叫僰人？

他们现在何处？

人死后，为何要建这样奇特的“空中墓地”？

在那刀耕火种的年代，这些棺木是怎样放置在悬崖峭壁上的呢？

早在战国和秦汉时期，僰人就在宜宾一带群居并建立了政权。僰人剽悍骁勇，多为历代王朝统治者所不容。他们曾多次被征讨，加之栖身于荆棘丛林、虎豹出没之地，历经艰辛，开拓荒野，建造家园，被誉为披荆斩棘的人。“僰”，即人字上加“棘”字。

这个民族的人死后，行“悬棺葬”，即把棺木悬置于悬崖峭壁上，民间

四川珙县悬崖峭壁上的悬棺

俗称“挂岩子”。人为什么对亡人要施行“悬棺葬式”呢？这是由其民族的心理意识、信念和习俗诸因素所决定的。在僰人的心目中，把死者的棺柩挂在高岩上就是吉祥。这样后人才会兴旺发达。

置棺高度一般距离地表10～50米，最高者达100米。置棺方式有以下几种：一为木桩式，即在峭壁上凿孔2～3个，楔入木桩以支托棺木；二是凿穴式，即在岩壁上凿横穴或竖穴，以盛放棺木；三是利用岩壁间的天然洞穴、裂缝盛放棺木。

这些棺木，大多头大尾小，多为整木，用子母扣和榫头固定。采用仰身直肢葬，用麻布裹尸身，随葬品置脚下两侧。悬棺都分布在绝壁上，现存有几百具，以木桩悬棺为主。绝壁上还有密如蜂眼的桩孔遗迹和红色彩绘岩画两百多幅。岩画内容丰富，有骑射、舞蹈、杂技和各种动物、武器、几何图形等，形象古朴生动。

至于僰人的消亡，比较确切的说法是明朝万历年间遭到明政府军数百天的灭绝性围剿所致。

在关于悬棺的安置问题上有四种说法：一说凿岩为路，待棺柩安放停当和崖画绘制好后，再把路毁掉；二说如修埃及金字塔那样，先用土填埋崖壁，而后再挖去填土；三说搭厢架；四说从崖顶放绳索。目前，大家比较同意从崖顶放绳索的说法，因当地岩壁上有一些如绳索勒放的印痕，并且以当时的条件用前三种方法似乎不是很现实。

千秋祭祀的“圣人诞辰”

在公元前563年也就是鲁襄公十年，晋国联合了几个诸侯国攻打一个小国，鲁国的贵族孟献子也带着鲁国的军队参战了。

当先锋部队攻入这个小城时，守城的人把城门上吊起的悬门（闸门）放了下来，要把鲁国的军队拦腰截断，分别消灭。在这危急之际，鲁国队伍中有一个已经失掉世袭贵族特权的“贵族”叫叔梁纥的，飞步上前，双手托起闸门，使先入城的鲁军安全退出，以自己的勇力为鲁国立下了大功劳。

孔庙大成殿内头戴十二旒之冕，身穿十二章之服，手执镇圭的孔子塑像

三年后，叔梁纥又在反对齐国侵扰的一次战争中率领两名将领、三百名武士打了一个漂亮仗，“以勇力闻于诸侯”。

这个勇武过人的叔梁纥，早年曾娶妻施氏，生了九个女儿，可就是没有儿子。后来，他的妾虽然生下一个儿子，却是个瘸子。依据当时奴隶主的习惯，只有有个像样的儿子，才能继承自己的财产和地位，叔梁纥求子心切，又到一户颜姓的家里去求婚。

颜家一共有三个女儿，两个大女儿对于这个年逾花甲，而且地位并不甚高的没落贵族均不感兴趣。惟独颜家那个

不满二十岁的小女儿颜征在却自愿嫁给叔梁纥。

叔梁纥和颜征在结合后，为了要生下一个儿子，就到曲阜城东南二十五公里的尼丘山上向山神祈祷。不久，他们果然生下一个儿子，便取名为丘，字仲尼，这就是孔子。

孔子出生时，叔梁纥已是六七十岁的高龄了。孔子生下后三年，他就死去了。死后葬在城内五之衢的地方，孔子的母亲为使孔子专心致志攻读，并未告诉他葬地。直到孔子十七岁，其母也去世后，他才从一位老婆婆那里得知了父亲的葬地。孔子将父母合葬于城东二三十里的防山。

孔子出生的那年是公元前 551 年，即鲁襄公二十二年，也就是周灵王二十一年冬十月（一说十一月）。周代的历法比后世通行的农历（夏历）要早两个月，所以后世人便推算孔子的生日为农历八月二十七。这一天便是直到解放前各地通行对孔子丁祭的“圣人诞辰”。

佳婿为何称“东床”

在我国的传统文化中，有一种“代称”的情况，而且这种情况很普遍。比如用“泰山”代称“岳父”，“青莲”代称“李白”，“陛下”代称“皇帝”等等。这里，说一说为什么把佳婿称作“东床”。把女婿称为“东床”还有一个有意思的典故：王羲之 (321 年～371 年)，字逸少，琅邪临沂 (今属山东) 人，东晋书法家、文学家。在会稽山阴且 (今浙江绍兴) 居住。他出身于门阀世族，少有美誉，生性坦诚率直，超然独处。朝廷公卿皆爱其才气，曾为右军将军，会稽内史，世称王右军。

有一次，当朝最有权势的太尉郗鉴派门生到王导家选女婿，王导让他往东厢 “遍观子弟”。这位太尉门生看了一回就回去了，对太尉说：“王家的各位子侄少爷都是不可多得的佳弟子，但是听说太尉来选女婿，都在那里矜持作态，惟有一个人，在东床露着肚子吃东西，就像不知道这回事似的。”郗鉴一听，大喜道：“这正是我的佳婿啊！”

因为这个人天性率直，不为外物所动，正是“高素质高水平”的表现，所以太尉没见面就认为他是最好的人选了。后来一问才知道那个在东床上露着肚子吃东西的人就是王羲之。

后来，王羲之真的娶了太尉的女儿，后世人都赞成他的率性而行，风流自赏，所以后来就称女婿为“东床”，也叫“东床快婿”。

王羲之《爱鹅图》(局部)

万灵之长——龙

龙是一种神话传说中非常神奇的动物，它可上天入地，喷火吐水。三国演义中曹操青梅煮酒论英雄，曾经论及到龙，很能说明我们的古人对于龙是多么地崇拜。

“龙能大能小，能升能隐；大则兴云吐雾，小则隐介藏形；升则飞腾于宇宙之间，隐则潜伏于波涛之内……”

龙是中华民族的象征。数千年来，龙的影响延伸到中国文化的多个领域，深深融入中国人的生活之中。

究其本源，“龙”起源于上古的图腾文化。

从原始时代开始，人类便以某种动物、植物为对象，或是单一或是组合的方式，视为图腾。他所代表的是种族的象征，可给予人类力量、勇气和技能，也由此产生了种种的图腾文化。

图腾文化简单地说就是由图腾观念衍生出的各种文化现象，其核心便是图腾的观念。中国最早以“龙”的图腾来显示的是皇帝。当时人们将龙视为雷雨之神，掌控着雨水的供应，人民对它敬畏有加。

历代各朝的皇室，在建筑、服饰、器物等方面都以“龙”为标记，只要是皇帝的，皆冠以“龙”字。封建时代已经离我们远去了，现代人则以“龙的传人”自居，把龙视为中华民族的象征。

从形象的演变看龙的起源

在中国文化中，影响最深远的莫过于龙了。可是，龙的起源究竟是怎样的呢？

一般认为，龙起源于中国原始社会的新石器时代。不过，当时龙的形象同秦汉以后龙的形象相距甚远。有的身躯粗壮，长嘴平鼻，就像猪的形象；有的昂首弓背，眼眶和鼻端向上突起，就像鳄鱼的形象；有的

汉代应龙石像

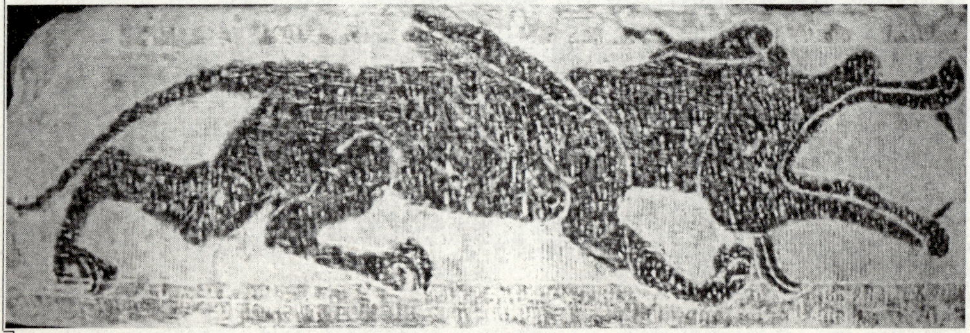

身躯弯曲细长，无足无爪，很像一条蛇……在龙的发展历程中，这些龙属于“前龙”阶段，也就是说此时龙的形象正处于起源时期。不同地区之间甚至同一地区内龙的形象还都有较大差异。

距今三千多年的商代，龙的形象得到初步规范。甲骨文中的“龙”字形象地描绘了人们观念中龙的形象，而青铜器、玉器上的龙纹也同甲骨文中的“龙”字相似。

中国古代象形文字中的“龙”字

此时，龙已经成了各种动物的结合体，是从鸟、兽、鱼、虫各类动物中选择某一部分重新组合，融成的一个有机整体。

通过龙的形象的变化，我们去追寻龙起源的原因，可以看出重要的一点，即龙的起源与农业生产有关。水是农业的命脉，先民们在科技极不发达的情况下渴望有一种控制水的能力，便将希望寄托于他们所创造的龙这种神话形象上。前龙阶段的蛇、鳄、蜥蜴等爬行动物均与水有关，甚至有的就生活在水中。这一点很能说明问题。

在先民的心目中，龙既然是神物，当然也就在观念上将龙同祥瑞联系到一起了。人们用龙比喻美好的事与物，龙的形象深入到社会生活的方方面面。斗转星移，我们的祖先所创造的“龙”至今仍保持着旺盛的生命力，仍为广大人民所喜爱。我们不管身处世界的何处一看到龙，都能从心底里涌出一种中华民族特有的自尊和自豪。

龙王爷

唐代初年，在安徽省颖上县百社村，有个名叫张路斯的人，夫人石氏生有九个儿子，他曾在河南南阳做过照灵侯。自罢官归故里后，经常到一处地名叫“焦氏台”的河边树荫下钓鱼。

有一天，在他垂钓的地方突然出现一座宫殿。他好奇地走了进去，于是成了龙王。后来他天天清早到龙宫去，天黑才回家。回到家里身体还凉冰冰的，衣服湿漉漉的。他的妻子问他为什么这个样子。张路斯说：“我已是龙王了。外地有一个叫郑祥的人也是龙王，他要与我争夺地盘，我们约好明天进行决战，谁赢了，这个地盘就归谁管。为此，请你转告九个儿子明天去为我助战。头上扎红巾的是我，头上扎青巾的是郑祥，记住，不要认错标记了。”

张路斯的九个儿子听从了他父亲的话，第二天便拿着弓箭去为他们的父亲助战，朝扎青巾的郑祥猛射，结果把郑祥射中了，郑祥受伤以后愤怒地逃离焦氏台，张路斯父子在后面紧紧追击，直追到淮河边上，郑祥逃到合肥的西山上死了。

玉龙佩

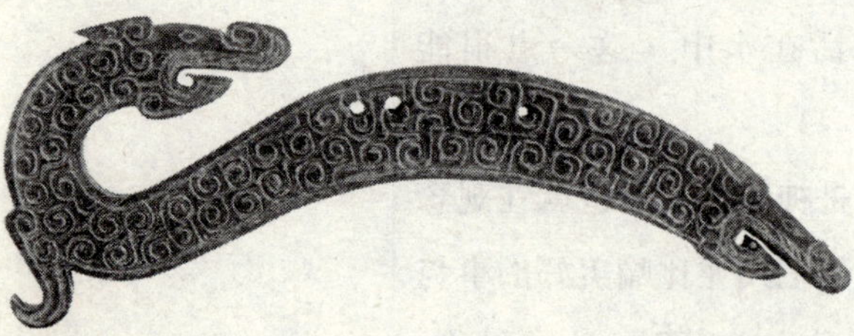

在唐乾宁中 (894 年～898 年) 间刺使王敬尧还在颖州建了一座龙王庙，里面祀的龙王神就是张路斯。

这只是有关龙王爷的一个故事，在旧社会，如果久不下雨，人们就会向龙王爷求雨，因为那时的人认为刮风下雨是受“龙王”支配的。

佛、道两教都有龙王，龙王是水族的总管，江河湖海，凡是有水的地方就有龙王存在。龙能生风雨、兴雷电，人们多把它作为兴云播雨之神来祭祀。如遇久旱不雨，一方乡民必先到龙王庙祭祀求雨，如龙王还不显灵，则把它的神像抬出来，在烈日下暴晒，直到天降大雨为止。古人认为：东南西北四海都由龙王管辖，叫四海龙王。另有五方龙王、诸天龙王、江河龙王等。

龙与虎

在我国的传统文化中，常常出现龙虎并称的现象，如“生龙活虎”、“降龙伏虎”、“龙盘虎踞”、“龙腾虎跃”、“龙韬虎略”、“龙吟虎啸”、“龙潭虎穴”、“龙虎风云”等。

秦代砖刻上的青龙

☞秦代砖刻上的白虎

夏代有“龙旗虎历”，唐代有“龙虎榜”，金朝设“龙虎卫上将军”。而且周文王是“龙颜虎肩”，刘邦有“龙虎气”，诸葛亮“龙骧虎视”，刘裕“龙行虎步”等等，不胜枚举。

龙和虎还同为“天之四灵”之一，用来“正四方”，即所谓的东苍龙，西白虎，南朱雀，北玄武。道教将龙虎作为山门的两大守护神：左为青龙孟章神君，右为白虎监兵神君。

虎为什么要和龙并称呢？

原来，龙是古人用鱼、鳄、蛇、猪、马、牛等动物和云、雷电、虹霓等自然天象模糊集合而产生的神物，具备了喜水、好飞、通天、善变、灵异、祥瑞等神性。

虎和龙有别是自然界中存在的生物，作为令百兽震恐的“山兽之君”，虎对古人的生活秩序和生命安全造成了很大的威胁，它不但噬吃野兽、家畜，还伤人、吃人。于是，虎很容易被古人因恐惧而神化、崇拜。人们崇拜虎无非两个目的：一是愿这位“百兽之长”不要危害人类；二是幻想借助虎的神力来制伏其他野兽及鬼怪。这样被放到崇拜位置上的虎就具备了示威、怯恶、驱邪等神性。

龙与虎两者都有神性，而且一者是“百鳞之长”，一者是“百兽之长”，等于是动物界的两大巨头，当然很容易被放到一起被人提起。

考古发现，最早出现龙虎对应图案的要数河南濮阳西水坡仰韶文化遗址出土的蚌塑。蚌塑中的龙和虎分处墓主人的遗骨两侧表明这位墓主得龙虎之助，既有“神”又有“威”，其身份和地位不同寻常。盛行于商周的祭祀礼器上有很多是将龙虎雕饰其上的，这无疑是为了强化其神其

河南濮阳西水坡仰韶文化遗址出土的蚌塑

威。春秋以来，龙虎对应、互补，甚而交缠、融合的图案就更常见了。

既然成对出现就不一定都是合作的关系了。相传，一只老虎到思州一个水潭饮水，潭中的蛟龙认为这只虎侵犯了自己的领地，就跳出水面与虎搏战，结果渴虎不敌饿蛟，被“尾而食之”，即用尾巴击昏缠起吞吃了。苏东坡据此作诗道：“潜鳞有饿蛟，掉尾取渴虎。”由于龙

有司理雨水的神职，而龙与虎的关系又这么微妙，于是就有了天旱时投虎头骨求雨的事情。相传唐时中南一带大旱，乡民们便常常以长绳系虎头骨，投入龙潭。俄顷，“云起潭中，雨亦随降”。

“二十而冠”与“十五而笄”

我们看古书的时候，总能看见形容青年男子是“年方弱冠”，形容青年女子是“年已及笄”，这是怎么回事呢?

古代士族青年男子在年满二十岁时要加冠，并举行加冠仪式，这就是“冠礼”，也叫“束发”，表明该男子已成年。

正因为二十而冠，所以称“弱冠”。

上古的妇女一般不戴冠帽，但有很多种头上的饰物。礼制规定“十五而笄”，是说女子到了十五岁后，就要把头发盘在头顶上，用一块黑色的巾帛包裹住头发，再插上笄、簪，加以固定。这种仪式表示女子自此成人，可以出嫁成家了。

“年已及笄”就是说，这个女孩子已经够十五岁了，能嫁人了。

商周贵族已婚妇女的头饰较多，除去各式笄、簪以外，还有假发制作的“副”、“编”、“次”等发型装饰品。

在这小小的女子头饰上，也显出当时严格的宗法礼仪制度。当时的公侯夫人们戴上假发后，再插上顶端有珠、玉等垂饰的发笄。她们的发笄上可以缀上六件玉饰。士大夫的妻子们只能使用有一两件饰物的笄。平民百姓自然更不用说了。

说到了头饰，就再提一句服装。商周时期的妇女服装只有一种长衣。这是一件上下连成一体的长袍，自脖颈以下至足踝全被它遮掩住了。

西周的学校

现在的学生可能是全社会最累的了，他们肩负考高中、考大学、考研究生的“重任”，以至于学生们都恨不得学校全关闭。其实，我国的学校教育可以追溯到三千年以前呢。

早在西周时期，那是我国奴隶制社会的最后阶段（约在公元前11世纪至公元前771年)，社会的经济文化有较大的发展，奴隶主贵族的子弟可以不从事生产，专门在学校受教育，那时候学校就已经产生了。

当时，在天子和诸侯的都城设立有大学和小学，称为“国学”，就是国家办的学校。天子设立的大学叫“辟雍”，诸侯设立的大学叫“泮宫”。王太子八岁入小学，十五岁入大学；公卿大夫元世之嫡子十三岁入小学，二十岁入大学。地方则设有乡学，称“庠”和“序”，《周礼》上说：“乡有庠、州有序。”庠是养老的地方，也是老人教育下一代的地方，以后成为学校；序是举地乡饮酒礼、射箭的场所，也是进行政教的学校。

国学和乡学都是为奴隶主贵族子弟设立的培养统治者和官吏的学校。当时，文化知识和书籍文献都为官府所垄断，民间是没有的，所以说“学在官府”。

古代人的起名习俗

古人最注重“名”，所谓名不正则言不顺。古人在选取名字时尽量从字的义、形、音等多方面考虑，试图通过名字来提供自己的志趣、追求、希望、抱负、排行等多方面的信息，从而给人留下良好的印象，使人们能够领悟到命名者的深刻含义。其形式大概有以下几种：

第一种是表示对古代的制度和人物的景仰，如有一个叫范学朱的，字用晦，表现出对道学的祖师朱熹的敬仰和崇拜。因为朱熹字用晦，所以他的名字叫学朱就是要学习朱熹，字则直接用了朱熹的字。

第二种是对修养伦理道德和成功立业方面的希望，所以过去叫“德”字、“仁”字、“义”字、“忠”字、“孝”字、“信”字、“谦”字的特别多，如杨国忠、于谦等。

第三种是对优裕生活和高贵地位的祈求，如李广利、钱广、吴寿富、孙福寿等。还有对仕途的追逐。隋唐以来，读书人都要通过科举考试来求取功名富贵，所以在命名中多有范新科、裘状元、唐殿魁、许占魁等。

第四种是通过取名来表示消灾免病和逢凶化吉的愿望，如霍去病、司马消难、辛弃疾等。

第五种就是这种对生命的执著和祝愿，如毛延寿、张承寿、潘天寿、李龟年、房玄龄等，都流露出命名者对耄耋之寿的期望和惟恐早夭的恐惧。

主人为何叫“东道主”

“东道主”这个词来自春秋时期的一个典故。

在公元前630年，也就是鲁僖公三十年的九月十三，晋文公和秦穆公的联军包围了郑国国都。郑文公在走投无路的情况下只得向老臣烛之武求救。烛之武想了很久，决定身入险地，凭自己的口才设法解围。

当夜，烛之武乘着天黑叫人用粗绳子把他从城头上吊下去，私下会见秦穆公。

晋国和秦国是当时的两个大国，但他们之间为了各自的利益常常明争暗斗。烛之武巧妙地利用了他们的矛盾，他对秦穆公说：“秦晋联军攻打郑国，郑国怕是保不住了。但郑国灭亡了，对贵国也许并无一点好处。因为从地理位置上讲，秦国和咱郑国之间隔着一个晋国，贵国要越过晋国来控制郑国，恐怕是难以做到吧？到头来得到好处的还是晋国。晋国的实力增加一分就是秦国的实力相应地削弱一分啊！”

秦穆公听后，觉得烛之武说得十分有理。正在动摇之间，烛之武进一步说道：“要是您能把郑国留下，让他作为你们东方道路的主人。你们使者来往经过郑国，万一缺少点什么，郑国一定供应，作好充分的安排，这有什么不好？”

秦穆公终于被烛之武说服了，他单方面跟郑国签订了和约。只剩下晋国独木不成林，晋文公无奈，也只得退兵了。烛之武用自己的聪明才智和非凡的勇气终于挽救了郑国。

秦国在西，郑国在东，所以郑国对秦国来说自称“东道主”。后来，这个词就泛指招待迎接客人的主人了，一直流传到现在。

服饰 器物

巧夺天工的“金缕玉衣”

据汉代的典籍记载，汉代皇帝和高级贵族死后所穿的殓服称为玉衣。玉衣真是玉做的衣服，还是只是对精美衣服的代称，谁也不知道。

在距汉代一千多年的宋代，曾经有学者提到过这被人们淡忘了的玉衣，但也说不出个所以然来。

直到 20 世纪 40 年代，在河北邯郸郎村汉墓中，人们发现了穿孔中残留着铜锈的玉片时，都不知它就是人们长期以来议论的汉代玉衣片。

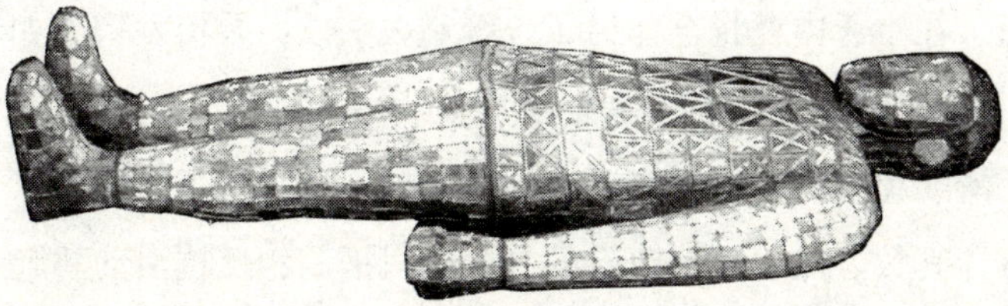

金缕玉衣

1945年，在江苏睢宁九女墩的汉墓中，出土了数量多达二三百片的玉衣片，发现者把这些玉片称为“珉玉片”，但依然没有意识到玉片的用途。

直到1958年，学术界终于“破译”了这些两千多年前用玉片编成的“密码”，指出睢宁九女墩汉墓中所出土的玉片应是汉代的玉衣片。这一结论立即被考古界接受，但玉衣的全貌该是什么样子，还是没有人知道。

1968年夏，在河北省满城县陵山上发现了两座保存完好的大型汉代墓葬。两墓系并穴合葬墓在石质山体中开凿而出，墓主为汉景帝刘启之子、汉武帝的庶兄刘胜和其妻子。

在这两座墓内摆放着琳琅满目的奇珍异宝。在这些令世人叹为观止的汉代珍宝中最引人瞩目的是刘胜和其妻窦绾所穿的殓服——金缕玉衣。

谜底最终被彻底揭开了，经修复，两件十分完整的金缕玉衣呈现在人们面前。这两件玉衣的外观和人体的形状相似，它是用正方形、长方形或梯形的小玉片，四角穿孔，以金丝缀连而成，因此称为“金缕玉衣”。如果把金缕玉衣分解开来，可以分为头部、上衣、裤筒、手套和鞋五个部分。

刘胜的玉衣全长1.88米，由2498片各种形状的玉片组成，仅金缕就重700克左右。磨制如此多的薄玉片和制出碾拉工艺的金丝，在当时肯定耗费了很多人力与财力，其中也体现了我国古代劳动人民的聪明才智。

清风一扫汉家装

清代使中国人的服装面貌产生了一个重大的变化。顺治二年，清军攻下江南各省，清政府从此下令在全国推行剃头改服的制度。清政府命令，从公文所到之日起，在十天内要将全体男子统统剃去头发，改梳发辫，如果有“仍存明制，不随本朝之制度者，杀无赦”。

与此相配合，清朝统治者强行更改汉人衣裳式样，当时由于穿汉人衣裳而被捕杀的人不计其数。民间对清政府的命令极力抵制，反抗活动此起彼伏。长期的抵制斗争与清朝已统一全国的形势使清政府认识到应该做些让步，以稳定局势。于是提出所谓“十从十不从”，即在服装上：

清代龙袍

男从女不从

生从死不从

阳从阴不从

官从隶不从

老从少不从

儒从而僧道不从

倡从而优伶不从

以及与服装无关的：

仕宦从而婚姻不从

国号从而官号不从

役税从而语言文字不从

慈禧等人穿着乃是宫廷中的标准服装

满族的衣装以游牧民族风格为主，袍、衬、褂是其具有代表性的服式。满族的袍子与汉族的长袍不同，上身显得紧凑瘦窄，袖子也细而紧，溜肩立领，下摆宽大，下身前后左右开衩，衣襟右衽。与这种袍褂相配合，内衣要穿对襟的短褂和长裤，裤口用带子扎紧，足着靴子或布鞋。

满族的行袍，又叫缺襟袍，它比日常穿的袍子短大约 1/10，前面开衩，右半边的前襟可以摘下来，是单独的一片。在袍子外面罩一件短外褂是清朝独有的服式。这种外褂

有单、夹、皮、棉各种形式，式样也常变化。外褂多为宽大的对襟圆领口上衣。没有领子，袖子较宽大，袖口平齐。较短小的外褂叫马褂，身长不超过腰部，袖口仅达肘部，显得紧凑便利。对襟马褂经常被当做礼服罩在外面穿。对襟马褂前衣襟右掩，在腋下系扣，它是平民百姓的常服。缺襟马褂也叫琵琶马褂。大襟右衽，前襟的右下裾缺一块，形成一个弓形。这些马褂都束上身，既可保暖，又利于上身活动。

在清代，男子们的标准服装是袍、褂、内衣、长裤、靴、鞋及瓜皮帽，冬天有皮帽、毡帽，夏季则有凉帽、笠帽等。在家中可以不穿袍、褂，只穿衫、裤。广大劳动人民，更省去了袍、褂那一层外罩，终年以短衫和长裤为外衣。衫袄有对襟和右衽大襟两种，裤子为直裆中式长裤，腰系布带。

旗袍

清代官帽

满汉交融的清朝服饰

在清朝入关之初，汉人为了清朝的改易服饰的问题和清朝统治者进行了长期的斗争。因为清朝的“顶子翎子”和明朝的“拢发包巾”实在是有很大的不同，而且汉族士大夫认为改易清服是“以夷变夏”。

其实，清朝虽然是我国服装史上改变最大的一个时代，但是清代是个满汉文化交融得非常完美的时代，尤其是服装文化。清朝也是以少数民族入主中原并保留汉族原有服装传统最多的封建王朝。

清代皇后朝服

乾隆帝是个好大喜功、浮慕好名的皇帝，但他能清楚地意识到承袭一套已含在衣冠制度中的政治理论，而不必是外观形式，才能做到满汉团结、传国长久。乾隆朝制定了详细的冠服制度，并图示说明，要求后代儿孙也必须遵守。

清代的衣服长袍马褂，早先是富贵人家才穿的服饰，到后来变成全国的一般服饰。平日所戴的便帽就是瓜皮小帽，颜色是外面黑，里面红。满族妇女穿的旗袍，早期是宽宽大大的，后来才变成了有腰身，在旗袍外面再加上一件“坎肩”。她们的鞋子也很特别，是一种花盆式的高底鞋。

男服服饰有礼服外褂、衮服、补服、朝服、吉服、常服等。女服服饰有朝服、吉服等。

“司母戊”大方鼎

提起青铜器，人们首先想到的就是“司母戊”大方鼎，在它的腹内铸有“司母戊”三个字，一般认为这个鼎是商王祭祀母亲“戊”用的祭器。

这件珍品是从河南安阳武官村殷王陵墓发掘出来的，它的出现可以证明商朝青铜器的制作技术已经达到比较纯熟的地步，标志着我国古代青铜制造工艺的高峰。

“司母戊”大方鼎呈长方形，长 110 厘米，宽 78 厘米，高 133 厘米，重 875 公斤。这个巨型的青铜器，造型雄伟，花纹华丽，结构复杂。大鼎腹部铸有蟠龙纹和饕餮纹，脚部刻有蝉纹，使整个鼎的神秘感非常强烈。

在目前出土的数千件商代青铜器中，“司母戊”大方鼎是最大的，也是世界古代青铜器史上绝无仅有的。

“司母戊”大方鼎

在几千年前，这么大的“司母戊”大方鼎是如何铸造的呢？

当时，冶炼青铜用的是陶制的坩锅形状和后来倒放着的头盔差不多，考古工作者叫它“将军盔”。每个“将军盔”能熔铜12.7公斤。要铸造“司母戊”鼎，需要七十多个“将军盔”同时浇铸，几百人同时操作。

但实际上古人想出了更好的办法，他们先分别铸好鼎耳、鼎足、鼎身，然后再把几个部件铸在一起。

司南

战国时代，我国人民利用磁铁造成了一种指示方向的工具叫“司南”，司南就是指南的意思。

司南的形状和现在的指南针完全不同。它是根据我国古代的勺子的形状制成的，很像我们现在用的汤匙。

司南是怎样制成的呢？古书上缺少详细的记载又没有实物留下来，所以我们没有办法知道它的准确形状。根据专家们的研究，司南大约是把整块的天然磁铁轻轻地琢磨成勺子的形状，并且把它的S极琢磨成长柄，使重心落在圆而光滑的底部正中。

司南做好以后，还得做一个光滑的底盘。使用的时

司南，世界上最早的磁性指南工具

候，先把底盘放平，再把司南放在底盘的中间，用手拨动它的柄，使它转动。等到司南停下来，它的长柄就指向南方，勺子的口则指向北方。

司南的底盘有的是用青铜做的，有的是个涂漆的木盘。这种底盘内圆外方，四周还刻有表示方位的格线和文字。

司南是世界上最早的“指南针”。战国时候，有人去采玉，怕在荒山中迷路，就带上司南。

罗盘针与航海图

指南针是我国古代的四大发明之一，我国不但是世界上最早发明指南针的国家，而且还是最早把指南针用在航海事业上的国家。

我国的海上交通很早就已经开始了。两千二百多年前，秦始皇为了寻找仙药就曾派人乘着大船大规模地航海了。秦汉以后，由于社会生产力的发展，我国的航海事业逐渐发达起来。晋代有可乘坐二百人的海船。唐代，海船有的长达二十丈，可以乘坐六七百人。当时，中国海船的活动范围，东起广州，西至波斯湾，是南洋各国之间海上运输的重要力量。

明朝初年，政府就曾经派郑和进行了大规模远航。从1405年到1433年，共航海七次。那时候，我国把现在的南洋群岛和印度洋一带称为“西洋”。郑和七次下“西洋”在历史上是非常有名的。

郑和领导的船队，共有二万七千多人，乘坐大船六十多艘，这些大船称为“宝船”。最大的“宝船”，长四十丈，宽十八丈，是当时海上最大的船只。

在指南针发明以前，在大海里航行是非常困难的。在北宋，指南针发明以后，海船上的人为了辨认地理方向，晚上看星辰，白天看太阳，阴天落雨就看指南针。

到了南宋，当时航海的人已经用“针盘”航行，这就说明当时指南针和罗盘已经结合在一起了。这种罗盘有用木做的，也有用铜做的，盘的周围刻上东南西北方位。人们只要把指南针所指的方向和盘上所刻的正南方位对准就可以很方便地辨别航行的方向了。

宋代成书的《武经纲要》中的楼舡图（局部）

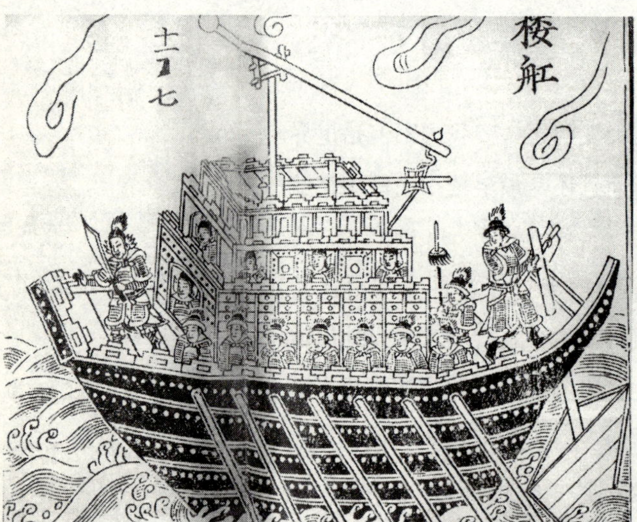

郑和的船上就有罗盘针和航海图，还有专门测定方位的技术人员。船队到过印度支那半岛、南洋群岛、印度、波斯和阿拉伯等许多地方，最远到过非洲东岸，前后经过三十多个国家。在这样多次大规模的远航中罗盘针是起了相当大的作用的。

有了指南针，人们在航行中，还慢慢地摸出一条条航路来。元明时候，我国有很多书记载着到海外各国去的航路。这些航路是依靠指南针得来的，所以当时称为“针路”。明朝时期，航海图也出现了。郑和多次远航都带着这种航海图。

早在北宋的时候，阿拉伯人就从中国学会了制造指南针的方法并把它传到了欧洲。到了 12 世纪末 13 世纪初，阿拉伯和欧洲的一些国家也开始用指南针来航海。

指南针传到欧洲以后，对欧洲航海事业的发展也起了很大的作用。15 世纪末到 16 世纪初，欧洲各国航海家开辟了新航路，发现了美洲大陆，完成了环绕地球的航行，这些都是世界历史上有名的大事件。他们用来辨别方向的法宝就是指南针。

指南鱼和指南龟

指南针是我国的四大发明之一。指南针在历史上有很多不同的形态，其中比较有意思的是指南鱼和指南龟。

大约在北宋初年，指南鱼就被发明出来了。指南鱼用一块薄薄的钢片做成，形状很像一条鱼。它有两寸长、五分宽，鱼的肚皮部分凹下去一些，使它可以像小船一样浮在水面上。钢片做成的鱼没有磁性，所以没有指南的作用。如果要它指南，还必须再用人工传磁的办法使它变成磁铁。

使用指南鱼比使用司南要方便，它不需要再做一个光滑的铜盘，只要有一碗水就可以了。盛水的碗即使放得不平也不会影响指南的作用，因为碗里的水面是平的。而且由于液体的摩擦力比固体小，转动起来比较灵活，所以它比司南更灵敏、更准确。

当时不但有钢片做的指南鱼，还有用木头做的指南鱼和指南龟。用木头做指南鱼的方法是用一块木头刻成鱼的样子，像手指那样大，在鱼嘴往里挖一个洞，拿一条磁铁放在里面，使它的 S 极朝外，再用蜡封好口。另外用一根针从鱼口插进去，指南鱼就做好了。把指南鱼放到水面上，鱼嘴里的针就指向南方。

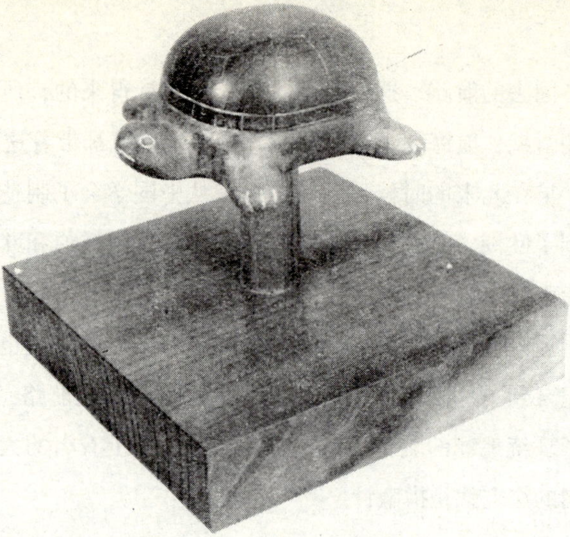

☞ 指南龟

指南龟也是用木头刻成的，放磁铁的办法和木头指南鱼一样，磁铁被插在尾部。指南龟不放在水里，人们在它的肚子下面挖一个洞，把它装在光滑的竹钉上面，使它便于自由转动，它尾部的那根针就会自动指向南方。

古代人用什么盛酒

在商代，由于酿酒业的发达，青铜器制作技术的提高，中国的酒器达到前所未有的繁荣。当时的职业中还出现了“长勺氏”和“尾勺氏”，这是专门以制作酒具为生的氏族。周代饮酒风气虽然不如商代，但酒器基本上还沿袭了商代的风格。在周代，也有专门制作酒具的“梓人”。

青铜器起源于夏，现已发现的最早的铜制酒器为夏二里头文化时期的爵。青铜器在商周时期达到鼎盛，春秋便没落。商周时期酒器的用途基本上是专一的，按用途分为煮酒器、盛酒器、饮酒器、贮酒器，此外还有礼器。青铜酒器的基本组合主要是爵与觚。

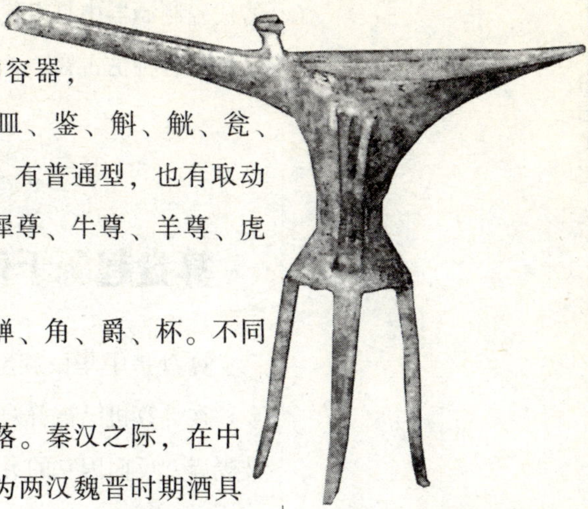

河南偃师二里头出土的乳钉纹爵

盛酒器具是一种盛酒备饮的容器，其类型主要有尊、壶、区、卮、皿、鉴、斛、觥、瓮、瓿、彝等。每一种又有许多式样，有普通型，也有取动物造型的。以尊为例，有象尊、犀尊、牛尊、羊尊、虎尊等。

饮酒器的种类主要有：觚、觯、角、爵、杯。不同身份的人使用不同的饮酒器。

商周以后，青铜酒器逐渐衰落。秦汉之际，在中国的南方漆制酒具流行。漆器成为两汉魏晋时期酒具的主要类型。

漆制酒具的形制基本上继承了青铜酒器的形制，有盛酒器具、饮酒器具。饮酒器具中，漆制耳杯是最常见的。汉代，人们饮酒一般是席地而坐，酒樽放在席地中间，里面放着挹酒的勺，饮酒器具也置于地上，故形体较矮胖。

魏晋时期开始流行坐床，酒具变得较为瘦长。

瓷器大致出现于东汉前后，与陶器相比，不管是酿造酒具还是盛酒或饮酒器具，瓷器的性能都超越了陶器。

唐代出现了桌子，也出现了一些适于在桌上使用的酒具，如注子，唐人称为“偏提”。其形状似今天的酒壶，有喙，有柄，既能盛酒，又可注酒于酒杯中，因而取代了以前的樽勺。

明代菊瓣式高足金杯

宋代是陶瓷生产的鼎盛时期，有不少精美的酒器。宋代人喜欢将黄酒温热后饮用，故发明了注子和注碗配套组合。使用时，将盛有酒的注子置于注碗中，再往注碗中注入热水，便可以温酒。瓷制酒器一直沿用至今。

明代的瓷制酒器中青花、斗彩、祭红酒器最具特色。

清代瓷制酒器中具有代表性的有珐琅彩、素三彩、青花玲珑瓷及各种仿古瓷。

算盘起源于何时

算盘是中华民族宝贵的文化遗产，中国是算盘的故乡。在计算机已被普遍使用的今天，古老的算盘不仅没有被废弃，反而因它的灵便、准确等优点在许多国家方兴未艾。人们往往把算盘与中国的四大发明相提并论，显然算盘也是我国人民对全人类的一大贡献。

那么中国是什么时候开始有算盘的呢?

从清代起，就有许多算学家对这一问题进行了研究，研究的结果基本上倾向于：算盘起源于唐朝，流行于宋朝，兴盛于元明。

宋代名画《清明上河图》中，画有一家药铺，其正面柜台上就放有一架算盘，画中之物是与现代使用算盘形制类似的串档算盘。1921 年在河北巨鹿县还曾经挖掘到一颗出于宋人故宅的木制算盘珠，虽已被水土淹没八百年，但仍可见其为鼓形，中间有孔，与现代算珠毫无两样。

更为有趣的是，元代陶宗仪的《南村辍耕录》引当时

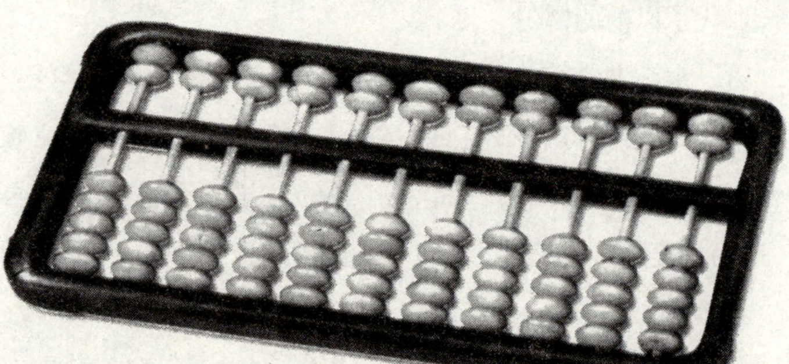

☞ 象牙算盘

谚语形容奴仆说："凡纳婢仆，初来时曰擂盘珠，言不拨自动；稍久，曰算盘珠，言拨之则动；既久，曰佛顶珠，言终日凝然，虽拨亦不动。"这段"三珠戏语"把老资格的奴婢比作算盘珠，拨一拨动一动，真是太形象了。

元初的蒙学课本《新编相对四言》中有一幅九档的算盘图。明朝永乐年间编的《鲁班木经》中已有制造算盘的规格、尺寸，还出现了徐心鲁《算珠算法》、程大位《直指算法统宗》等介绍珠算用法的著作，算盘在明代已被广泛使用。

宋代的算盘从形制看已较成熟，没有新生事物常有的那种笨拙或粗糙。因此，较多的算学家认为算盘的诞生还可上推到唐代。因为宋以前的五代十国时期战乱不断，科技文化的发展较为滞缓，算盘诞生于此时的可能性较小。而唐代是中国历史上的盛世，经济文化都较发达，需要有新的计算工具，使用了两千年的筹算在此时演变为珠算，算盘在这时被发明是极有可能的。

鼻烟壶

在中国工艺品中，有一种器物用材最广，它集我国的烧瓷、玛瑙、料器、玉石、水晶雕琢、金漆镶嵌、雕漆、景泰蓝、象牙、竹木雕刻、金属工艺、书法、绘画等各种工艺技术于一身，成为我国工艺美术的一个浓缩。这就是"鼻烟壶"。

康熙、乾隆年间，鼻烟风行一时，从最高贵的帝王到最底层的贫民，无论贫富贵贱无不好之，因而鼻烟壶的制作达到了它的黄金时代。鼻烟壶有陶瓷、料、套料、玉、玛瑙等不同的质地。

清代盛行鼻烟，应运而生的瓷制鼻烟壶也几乎囊括了所有瓷器类别，斗彩、粉彩、五彩、祭红、抹红、珊瑚釉、茶叶末釉、墨彩、珐琅彩、青花、釉里红、哥瓷、雕瓷、刻瓷等无所不有。造型最多的是爆竹筒式，也有方形、扁方，葫芦形、圆形、瓜果形、双联，人物形等。

还有一种出色的是珐琅彩鼻烟壶。珐琅器皿始于清康熙年间，清圣祖康熙非常喜爱珐琅器皿，曾命珐琅作烧造。康熙五十八年（1719年）特邀法国珐琅匠、传教士陈忠信在养心殿造办处珐琅作传授法国里摩日画珐琅技艺。

清代粉彩人物鼻烟壶

珐琅器胎分为金胎、铜胎、玻璃胎和陶瓷胎。绘画题材有西洋风景、仕女、花卉等。珐琅彩的绘制大多出自名家之手，非寻常画匠可比。乾隆时期的珐琅彩鼻烟壶是世界闻名的珍品，堪称鼻烟壶之最。

学富五车和书籍的起源

今天，我们提到某人有学问总会说他“学富五车”，也就是说，他看完了五辆车的书。这是一个战国时代的典故。当时，有个思想家叫惠施，他旅行的时候要用五辆车子装他所带的书，被认为是博学之士。其实，所谓的他的书就是一捆一捆的竹简和木简。如果用纸来印恐怕也没有几本。

秦始皇统一中国以后，事必躬亲。当时的公文也是写在竹简和木简上，他每天要看的公文竟有一百多斤重。

西汉的时候，东方朔给汉武帝提建议竟用了三千根竹简写了一篇奏章，由两个人吃力地抬进宫去。

把字写在竹简上是从什么时候开始的呢？

在殷商时代，我们祖先“写”字的材料，除了甲骨以外就是竹片和木板了。竹子做的叫竹简，木头做的叫木简，又叫版牍。

简的长度不一样，长的有三尺，短的只有五寸。人

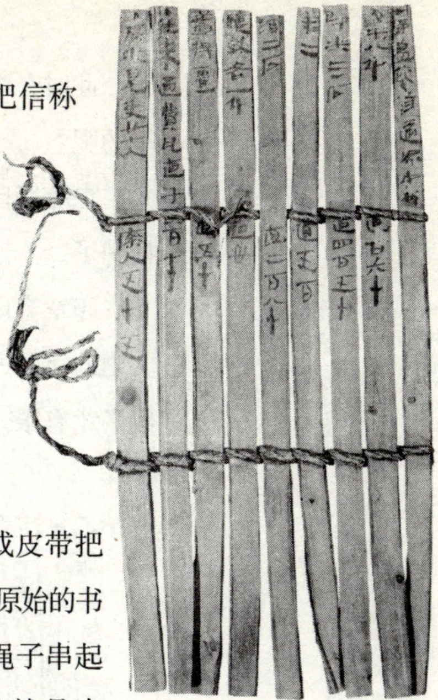

编集成册的木简

们写信的时候往往用一尺长的简，所以后来把信称“尺牍”。还有一种简，三面起棱，可以竖起来，便于儿童阅读。每根简上写的字多少不一，大多是二十来个，少的只有一两个，多的也只有三四十个。

人们在简上写字的时候还准备好一把刀，万一把字写坏了就削掉重写。直到今天，我们还把修改文章称为删削。

我们祖先在简上写了字后用绳子、丝线或皮带把一根根简编在一起。这样就成为一册一册的最原始的书了。“册”是一个象形字，就像一根一根简用绳子串起来的样子。孔子读《易》，“韦编三绝”指的就是串简的绳子断了好几次。

竹简和木简上的字都是用毛笔写的，可见我国的毛笔在殷代就发明了。

在竹简和木简上写字要比在甲骨上刻字容易，而且也便于编连。这样就使古人有了编书的条件，书籍才正式走上了历史舞台。

拓碑、刻印和雕版印刷

自从有了纸以后，随着经济文化的发展，读书的人多起来了，对书籍的需求量也大大增加了。

可是，在印刷术发明以前，只有官府和富人才能有很多的藏书，一般人要得到一两本书很不容易，因为那时的书都是手抄本。要抄这么多的手抄本，得花费多少人力呀？

此时，雕版印刷术应运而生，那么它是怎样被发明出来的呢？

在雕版印刷术出现以前，社会上已经广泛应用印章和拓碑了。

印章有阳文和阴文两种：阳文刻的字是凸出来的，阴文刻的字是凹进去的。但是印章一般比较小，印出来的字数毕竟有限。

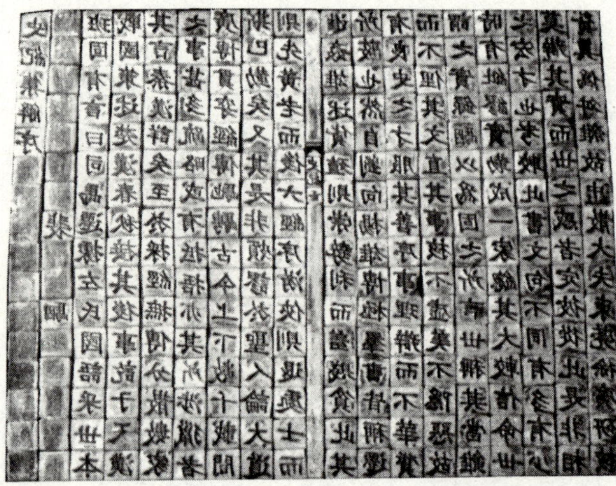

☞ 泥活字版（示意模型）

刻碑一般用阴文，用纸拓出来的是黑底白字，不够醒目。而且拓碑的过程比较复杂，用来印制书籍也不方便。但是石碑面积比较大，一次可以拓印许多字。

我国劳动人民把拓碑和印章的各自特点结合起来发明了雕版印刷术。

雕版印刷的方法是这样的：把木材锯成一块块木板，把要印的字写在薄纸上并反贴在木板上，再根据每个字的笔画用刀一笔一笔雕刻成阳文，使每个字的笔画突出在板上。木板雕好以后，就可以印书了。印书的时候，先用一把刷子蘸了墨在雕好的板上刷一下，接着用白纸复在板上，另外拿一把干净的刷子在纸背上轻轻刷一下，把纸拿下来，一页书就印好了。一页一页印好以后装订成册，一本书也就成功了。这种印刷方法是在木板上雕好字再印的，所以人们称它为“雕版印刷”。

最早的雕版印刷书籍

雕版印刷在唐朝就非常流行了，可是唐朝刻印的书籍保存下来的只有一部咸通九年刻印的《金刚经》。咸通九年是868年，离现在已有一千多年了。这一千多年前的印刷品是怎样保存下来的呢？这里还有一段故事。

甘肃省敦煌东南有座鸣沙山，早在晋朝的时候，就有一些佛教徒在这里开了山洞，雕刻佛像，建筑寺庙。山洞不断增加，佛像也跟着增多，人们就把这里称为“千佛洞”。1900年，有一个王道士在修理洞窟的时候无意中发现了一个密闭的暗室，打开一看，里面堆满了一捆捆纸卷，其中有相当多的纸卷是唐代抄写的书籍，其中就有这一卷唐代刻印的《金刚经》。

唐代《金刚经》

这部《金刚经》长约一丈六尺、高约一尺，它是由七个印张粘连而成的卷子。卷首有一幅画，上面画着释迦牟尼对他的弟子说法的神话故事，神态生动，后面是《金刚经》的全文。卷末有一行文字说明是咸通九年刻印的。

这本书是世界上现存的最早的雕版印刷书籍。图画也是雕刻在一块整版上的，也许是世界上最早的版画了。

最早的活字印刷术

说起印制术，雕版印刷的确是一个伟大的创造。一本书只雕一回木板就可以印很多部，这比用手抄不知要快多少倍了。

可是这种方法也有不好的地方，那就是印一本书就得雕一回木板，费的人工仍旧很多，木材也很多，无法迅速地、大量地印刷书籍。有些书字数很多，常常要雕好多年才能雕好，万一这部书印了一次不再重印，那么雕得好好的木板就完全没用了，而且保存这些雕版也很让人费心费力。

终于，宋代的发明家毕昇在十一世纪中叶（宋仁宗庆历年间）发明了一种更进步的印刷方法——活字印刷术，把我国的印刷技术大大提高了一步。

毕昇用胶泥做成一个个四方长柱体，一面刻上单字，再用火烧硬，这就是一个一个的活字。印书的时候，先预备好一块铁板，铁板上面放上松香和蜡之类的东西，铁板四周围放着一个铁框，在铁框内密密地排满活字，

毕昇像

满一铁框为一版，再用火在铁板底下烤，使松香和蜡等熔化。另外用一块平板在排好的活字上面压一压，把字压平，一块活字版就排好了。它同雕版一样，只要在字上涂墨，就可以印刷了。

为了提高效率，他准备了两块铁板，组织两个人同时工作，一块板印刷，另一块板排字；等第一块板印完，第二块板已经准备好了。两块铁板相互交替着用，印得很快。

毕昇把每个单字都刻好几个，常用字刻二十多个，碰到没有预备的冷僻生字就临时雕刻，用火一烧就成了，非常方便。印过以后把铁板再放在火上烧热，使松香和蜡等熔化，把活字拆下来，下一次还能使用。

这就是最早发明的活字印刷术。这种胶泥活字称为泥活字。

毕昇发明的印书方法虽然很原始，但是在近一千年前，活字印刷术的三个主要步骤——制造活字、排版和印刷——都已经具备了，毕昇在印刷方面的贡献还是非常了不起的。

木活字和转轮排字架

在元朝，有一个著名的学者叫王祯，他发明了用木活字印刷书籍的方法。

元成宗元贞元年（1295 年），王祯被派到安徽旌德当县尹，在 1297 年到 1298 年间，他设计了一套木活字。

他先在一块木板上刻好字，再用小锯子把每个字锯开，使每个字成为单独一小块，再用刀四面修光，每一块都修得一样大小。排版的时候，把木活字一个个排到木盘里去，排了一行，就用削好的竹片隔开；一块排满了，又用削好的小木片把有空隙的地方塞紧使木活字不能移动。这样就可以印书了。

王祯造的木活字一共有三万多个，他曾用这套木活字排印自己纂修的《大德旌德县志》，全书六万多字，不到一个月就印成了一百部。

王祯不但创造了木活字，还发明了转轮排字架。

转轮排字盘使用示意图

用木材做成两个直径约七尺的大轮盘，一个叫韵轮，一个叫杂字轮。轮盘里有一个个格子。不常用的木活字，按韵分类，摆在韵轮的格子里；常用的字，摆在杂字轮的格子里。排版的时候，一个人按原稿念，一个人坐在两个轮架中间，转动韵轮或杂字轮拣字，非常方便。

到了明清两代，木活字就大大流行起来。清乾隆三十八年（1773年），清朝政府曾经刻成大小枣木字二十五万三千五百个，先后印成《武英殿聚珍版丛书》一百三十四部，二千三百多卷。这是我国历史上规模最大的一次木活字印书。

王祯发明的转轮排字盘（模型）

四大名绣

中国的刺绣工艺是传统手工业的突出代表。我国的刺绣有着悠久的历史，在秦汉时期就已经达到了较高水平。我国历史上有名的“丝绸之路”就曾经把刺绣的制品作为运输交易的重要商品之一。

刺绣的作品人人都见过，人人都用过，可是你知道中国的“四大名绣”是什么吗？

可以说，只要有中国人的地方就有中国刺绣，在历史上，江苏的苏绣，湖南的湘绣，广东的粤绣和四川的蜀绣都以出众的技艺和悠久的历史一起被称为中国的“四大名绣”。其中，苏绣的历史长达两千多年。

宋代刺绣海棠双鸟图(局部)

苏绣自古便以精细素雅著称于世，其构图简练，主题突出，技艺精湛。无论什么刺绣都用细线，而苏绣对所用的最细的线有一个古老相传的标准，就是“一般人的肉眼能看清楚”的线，换句话说就是“越细越不算细”，足见苏绣技艺的精细之极。

湘绣是在吸收苏绣和其他刺绣的长处上发展而来的。湘绣使用不同颜色的线相互掺和，逐渐变化，色彩丰富饱满，色调和谐。

湘绣在图案上有自己的特点，它借鉴了中国画的长处，所绣内容多为山水、人物、走兽等，尤其是湘绣的狮、虎题材，形象逼真，栩栩如生。

粤绣构图饱满，繁而不乱，装饰性强，色彩浓郁鲜艳，绣制平整光滑。它的题材也很广泛，多为百鸟朝凤、龙凤等图案。

蜀绣以软缎和彩丝为主要原料，针法多达一百多种，充分发挥了手绣的特长，具有浓厚的地方风格。蜀绣题材大多为花鸟、走兽、虫鱼和人物等，品种除了绣屏之外还有被面、枕套、靠垫、桌布、头巾等生活用品。

《贵妃醉酒》与《画扇面》

京剧是我国的国粹，众多的艺术大师为我们留下了数以百计的名戏。其中，梅兰芳先生的《贵妃醉酒》是颇具代表性的。戏中，雍容华贵的杨贵妃手执一把描金折扇，边唱边舞，将观众带入了千百年前的盛唐世界。艺术家对折扇的运用更给人带来了深刻的印象。

相声也是我国的民间艺术，无独有偶，相声里也有一段关于折扇的节目叫《画扇面》。说的是一个不学无术而又自吹自擂的人吹嘘自己的画技有多么的高，总要给别人画扇面。但是当别人把新买的好扇子让他画个美人时，他先画美人，因其不像又改成张飞，又不像，便改成大树……最后，对扇子的主人说："干脆我拿墨笔给你画个黑面，你找人写金字去吧。"

扇子在中国已有很悠久的历史，汉班婕妤的《咏纨扇》诗就有"裁成合欢扇，团团似明月"的诗句。但诗里说的扇子是圆形的，历来称之为团扇。团扇这个形式一直沿用下来，一直到南宋，就是在元代，流行的也仍然是团扇。在今天，我们还能见到从北宋、南宋到元流传下来的书画团扇的原物。

而摺扇本是折叠扇的简称是从国外传过来的。据史书记载，它本出自朝鲜半岛在北宋时才传入中国。在苏东坡的文章里，曾经提到折扇"展之广尺余，合之只两指许"。

然而那时的折扇原物已经遗失，具体是什么样式今天已不可知。

直到明代，高丽国以折扇作为礼品赠送中国，于是在明朝永乐大帝时折扇才真正地在中国开始兴盛了起来。到了明代宣德、弘治的时代又出现了几辈精制折扇的名手。书画家在折扇上作书作画使折扇成为完整的艺术品也

折扇

是从这个时期开始的。

由于折扇的形式特殊，因而折扇上的书画也形成了一种特殊形式，沈周曾有一绢本画册，先折扇形的线条，然后在此折扇中写山水，可见当时以折扇形式为新颖的绘画表现形式已经出现。历来的收藏家也把收集书画折扇作为专门的一门学问。

所以，杨贵妃手执折扇翩翩起舞只可能出现在艺术家的戏剧表现中，而不可能真正出现在历史的舞台上，因为唐代中国还没有折扇呢。

鲁班发明锯

相传有一年，鲁班接受了一项建筑一座巨大宫殿的任务。鲁班就让徒弟们上山砍伐树木。当时还没有锯，他的徒弟们只好用斧头砍伐，但这样做效率非常低。工匠们每天起早贪黑拼命去干，即使累得精疲力尽，也砍伐不了多少树木。

鲁班于是亲自上山查看砍伐树木的情况。上山的时候，他由于不小心无意中抓了一把山上的一种野草，却一下子将手划破了。鲁班很奇怪，一根小草为什么这样锋利？于是他摘下了一片叶子来细心观察，发现叶子两边长着许多小细齿，他的手就是被这些小细齿划破的。后来，鲁班又看到一条大蝗虫在一株草上啃吃叶子，两颗大板牙非常锋利，一开一合，很快就吃下一大片。他抓住一只蝗虫仔细观察蝗虫牙齿的结构，发现蝗虫的两颗大板牙上同样排列着许多小细齿，蝗虫正是靠这些小细齿来咬断草叶的。

鲁班像

这两件事使鲁班陷入了深深的思考。他想，如果把砍伐木头的工具做成锯齿状，不是同样会很锋利吗？砍伐树木也就容易多了。就这样锯被发明出来了。

这当然只是个传说，锯是我国古代工匠在劳动中发明出来的，其发明的时代已经不可考证，可为什么大家要把这项功绩算到鲁班身上呢？

鲁班，姓公输，名般，又称公输子、公输盘、班输、鲁般等。他生于鲁定公三年（公元前 507 年），卒年不详，是当时有名的能工巧匠。因为他是鲁国人，“般”与“班”同音，古时通用，所以后世称他为鲁班。鲁班是我国古代一位优秀的手工业工匠和杰出的发明家。相传他在机械、木工工具、土木建筑等方面有多项发明创造，留下了许多动人的故事。两千多年以来，他一直被土木工匠们视为“祖师”，受到后人的崇敬，所以人们把很多木工工具的发明都归功于鲁班。

古玩的魅力在哪里

古玩两字源于清代，在这之前称为“骨董”。所谓“骨”取肉腐而骨存之义，意思是保存过去之精华。所谓“董”，即知道、了解。“骨董”即明晓古人所遗之精华也。

古玩的魅力在哪里呢？

中国的古玩博大精深。以瓷器为例，它的制作无论是选料、绘瓷、烧瓷都凝聚着先人们的智慧。如元代青花瓷，它成功创烧于景德镇窑并奠定了景德镇为“瓷都”的地位，然而陶瓷界却有这样的说法，即“青花首推宣德之说，”原因是宣德青花以其胎工精细、釉汁匀净、造型工整、器型多样、青花浓艳、纹样优美而久负盛名。

而且古玩永远是“真真假假”的。在古玩市场上，误假为真和误真为假的事不计其数。古玩是一门很深奥的学问，它好比一所大学，进去了但永远不会毕业，即使是行家、专家也难免有走眼的时候。因此，古玩的真赝问题始终在挑战买家的眼力。

古玩除了供人玩赏之外，还有一个重要的功能就是保值增值。民国时期，有人曾花一块大洋买了成化斗彩杯，后来被卢吴公司以四千大洋卖到美国，按现在这个说法也就是三四万元，可是这个斗彩杯如今的身价已是几百万元了。所以古玩保值增值也是人们热衷于收藏的一个重要因素。需要指出的是，如果谁能凭自己的眼力低价吃进，高价出击，那将是一件令人心旷神怡的事，可谓其乐无穷。

而且，收藏古玩能够体现身价。在平时生活中，当人们得知你收藏古玩，便会觉得你这个人非常有品位；当人们得知你收藏了珍贵的古玩文物，便会觉得你这个人很有身价。记得中国民间就古玩

清代金嵌松石铃形佛塔

清代画珐琅六颈瓶

的价格有许多说法，如“家有钱财万贯，不如宋瓷一件”，“黄金有价，均窑无价”。因此，很多大企业家、富翁往往不惜巨资收购古今中外的古玩文物。像世界首富比尔·盖茨这样的人物都频频在艺术品拍卖市场中出现，着实让人们感受到古玩的魅力和魔力。

历史上的“胡服骑射”

春秋战国之交，北方赵国的国君武灵王发愤图强决心把国家改革一番。

有一天，赵武灵王对他的臣子楼缓说：“咱们四面受敌，我们要不发愤图强，随时会被人家灭了。我觉得咱们穿的服装长袍大褂，干活、打仗都不方便，不如胡人短衣窄袖，脚上穿皮靴，灵活得多。我打算仿照胡人的风俗把服装改一改，你们看怎么样？”

赵武灵王又说：“咱们打仗全靠步兵或者用马拉车，但是不会骑马打仗。我打算学胡人的穿着，就是要学胡人那样骑马射箭。”

第二天上朝的时候，赵武灵王首先穿着胡人的服装出来。大臣们见到他短衣窄袖的穿着，都吓了一跳。赵武灵王把改胡服的事向大家讲了，可是大臣们总觉得这件事太丢脸，不愿这样办。但皇上的旨意谁也不敢违抗，只好跟着改了。

赵武灵王看到条件成熟，就正式下了一道改革服装的命令。没过多少日子，赵国人不分贫富贵贱都穿起胡服来了。有的人开头觉得有点不习惯，后来觉得穿了胡服方便多了。

到了实行胡服骑射的第七年，赵国已扩大了好多土地并变得强大起来了。

这就是历史上有名的“胡服骑射”的故事。

春秋时期，中原各国的服装制度基本形成。宽松舒适的袍服和裙裳成为中华民族的传统服装，这与当时的生活习惯十分协调。

然而春秋战国之交，诸侯间的兼并战争日益剧烈，大规模的步骑兵野战使得原有的衣着不利于奔跑和近身格斗的缺点日益明显，面临着不可避免的改革。人们在战争的逼迫下开始学习制作和穿用裤子。他们把目光投向北方的游牧民族。

所谓的“胡服骑射”实际是服装改革。这也是中国历史上第一次服装大变革。这次改革的主要变化是废除下裳，改为有裆的长裤；废除履舄，改穿长统的皮靴。上衣相应地改变为紧身左衽的短袍。与之相应的中原传统惯用的丝绸、葛布、麻布等面料逐渐被毛毡制品、皮革等所代替。

这样不但赵国的服装与社会风俗被彻底改变，而且影响中原其他国家，连在秦汉时期的服装中都可以看到这种影响的存在。

假发与“巾帼英雄”

我们今天还在使用“巾帼英雄”这个词，大家都知道这是女英雄的代称，那么，“巾帼”是什么呢？

“巾”就是头巾，很好理解；“帼”就是汉代流行的一种妇女头饰。它是一个戴在头发上的布制帽圈。妇女戴上它时，用一根横簪把帼固定在发髻上。起装饰作用的“凤簪”、“步摇”、“华胜”等饰物就插到帼上面。

中国古代的男子们特别看重头发，尤其欣赏妇女的美发。但一般人的头发不可能有这么好，所以汉代女子戴假发的做法颇为流行。假发也就成了服饰中一个组成部分。

秦代女子发式有凌云髻、垂云髻、迎春髻、神仙髻、望仙九鬟髻、参鸾髻、黄罗髻等。汉代女子流行的发式有三角髻、三鬟髻、双鬟髻、瑶台髻、堕马髻等。东汉妇女发式中最有名气的就是堕马髻。它是一种把头发梳得高高耸起以后再束成髻，让它偏到一侧斜垂下去的发式。

说到发式，就不能不说服饰。从西汉初年开始，汉族贵族妇女的礼服就采用了深衣制度。汉代妇女的衣着以深衣为主，只是通过不同的颜色、质料以及头饰和佩绶等来区分身份的尊卑高下。

后来女装上衣逐渐变短、变窄，与下裳分离开，形成了“上襦下裙”的两截衣裳组合。“襦”是一般平民穿的上衣，有不同的长度。长襦能垂及膝盖以下，短襦才与腰相齐。上衣与下裳分开以后，上身襦、衫的袖子逐渐加长加宽，增加了装饰色彩，使汉代女装衍化出多种时髦的流行式样。

建筑 陵寝

中国建筑的特点

中国的建筑艺术是中华文明之树中特别美丽的一枝。作为世界三大建筑体系之一，中国的建筑艺术与西方建筑及伊斯兰建筑三足鼎立，在世界文化之林闪耀着独特的光辉。

中国建筑是世界上惟一以木结构为主的建筑体系。基于深厚的文化传统，中国建筑艺术形成了自己独有的特点。

故宫角楼

中国建筑以宫殿和都城规划的成就最高，突出“皇权至上”的思想和严密的等级观念，特别注重群体组合的美，或取中轴对称院落式布局，或为自由式，以前者为主，注重与自然的高度协调，尊重自

然。另外，中国建筑特别重视对中和、平易、含蓄而深沉的美的追求。

可以说，中国建筑艺术是中国人的伦理观、审美观、价值观和自然观的深刻体现。

阿房宫得名的由来

阿房宫是秦代著名的建筑。阿房宫的前殿筑于秦始皇三十五年（公元前 212 年），规模十分宏大，此殿东西五百步，南北五十丈，可以让万人聚会于此。整座宫殿的全部工程直至秦亡时尚未完成，后被项羽焚毁。

这座已成废墟的伟大建筑在后世仍为许多人吟咏和感叹。

宫殿遗址在今西安市西阿房村，有高约七米，长约一千米的夯土台基。现被列为全国重点文物保护单位。

阿房宫遗迹

那么，它为什么叫阿房宫呢？

关于阿房宫的得名经过，《史记·秦始皇本纪》中有这样的记载：

“阿房宫未成，欲更择令名之。作宫阿房，故天下谓之阿房宫。”

可见，阿房宫并不是正式宫名，只是世人的俗称。秦代统治者本想等到宫殿全部完工后再选择好的宫名正式命名，但是他们没能等到这一天。那么人们为何称它为“阿房宫”

阿房宫遗址的夯土台基

呢？由于《史记》中只说“作宫阿房”，并未作进一步解释，后世便出现了多种推测。

有人认为阿房宫的名称来源于地名。持这一看法的人认为此宫前殿所在地名为阿房，因而时人便称它为“阿房宫”。也有人说“阿房”本是山名，世人因山而把此宫叫做“阿房宫”。

还有人认为因为此宫距离咸阳较近，故被称为“阿房宫”。在这种解释里，“阿”就是“近”的意思。近年更有人认为“阿”是发语词，并不表示什么实在意义。

对阿房宫的解释，最常见的说法是：阿房宫得名于它的规模和形制。“阿”的本义为高大的山，“房”与“旁”通为广大的意思，因而“阿房”二字结合在一起就是“像山一样高大宽广”的意思。从历代文献中有关阿房宫的描写以及现存的遗址来看，阿房宫确实具有规模宏伟的特点，于是便因此而得名了。如果这一说法能够成立，阿房宫的含义就是“宏伟的大宫殿”。

无与伦比的紫禁城

谈到建筑，就不能不谈我国古代宫殿建筑中最宏伟的一个——故宫。

故宫又称紫禁城，是明清两代的皇宫，为我国现存最大最完整的古建筑群，是无与伦比的古代建筑杰作。

紫禁城占地七十二万多平方米，共有宫殿九千多间，都是木结构、黄琉璃瓦顶、青白石底座，饰以金碧辉煌的彩画。

这些宫殿是沿着一条南北向中轴线排列，并向两旁展开，南北取直，左右对称。这条中轴线不仅贯穿在紫禁城内，而且南达永定门，北到鼓楼、钟楼，贯穿了整个城市，气魄宏伟，规划严整，极为壮观。

故宫最吸引人的建筑是三座大殿：太和殿、中和殿和保和殿。它们都建在汉白玉砌成的八米高的台基上，远望犹如神话中的琼宫仙阙。

太和殿是最富丽堂皇的建筑，俗称“金銮殿”，它是

紫禁城

太和门广场

皇帝举行大典的地方，殿高二十八米，东西六十三米，南北三十五米，有直径达一米的大柱九十二根，其中六根围绕御座的是沥粉金漆的蟠龙柱。御座设在殿内高两米的台上，前有造型美观的仙鹤、炉、鼎，后有精雕细刻的围屏。整个大殿装饰得金碧辉煌，庄严绚丽。中和殿是皇帝去太和殿举行大典前稍事休息和演习礼仪的地方。保和殿是每年除夕皇帝赐宴外藩王公的场所。

故宫建筑的后半部叫内廷，以乾清宫、交泰殿、坤宁宫为中心，东西两翼有东六宫和西六宫，是皇帝平日办事和他的后妃们居住生活的地方。后半部在建筑风格上不同于前半部。前半部建筑严肃、庄严、壮丽、雄伟，以象征皇帝的至高无上。后半部则富有生活气息，建筑多是自成院落，有花园、书斋、馆榭、山石等。位于坤宁宫北面的是御花园，这里有高耸的松柏、珍贵的花木、山石和亭阁。名为“万春亭”和“千秋亭”的两座亭子可以说是目前保存的古亭中最为华丽的了。

故宫的平面布局、立体效果以及形式上的雄伟、堂皇、庄严、和谐都是罕见的。它标志着我们祖国悠久的文化传统，显示着五百多年前匠师们在建筑上的卓越成就。

海拔最高的佛寺——布达拉宫

布达拉宫位于“世界屋脊”青藏高原西南部，平均海拔四千米以上。

布达拉宫坐落在拉萨西北的红山，从山脚仰望，更觉巍峨雄伟、气势磅礴。寺高十三层，有金殿三座和金塔五座，壮丽冠天下。宫墙由花岗岩砌成，坐落在洁白宫墙上的红宫仿佛是圣洁和庄严的化身。这座古建筑倚山而建，层层殿宇仿佛突出佛教的崇高地位。布达拉宫共有大小殿堂、楼阁、房舍一千多间，大小柱子一万多根。布达拉宫东南、西南都建有碉楼护卫，里面还有法庭、监牢，是一座形制十分完备的城堡。宫内藏有大批珍贵文物，堪称西藏文化艺术宝库。

布达拉宫

寺内有僧徒约二万五千人，不但是西藏最大的佛寺，也是世界上的大佛寺之一，为达赖喇嘛统制行政之中心。

布达拉宫始建于 7 世纪，于今已有一千三百多年的历史。布达拉是蒙语“孤峰”的意思。寺以峰名，因山而构，远望金碧辉煌。

据说，当时吐蕃王朝正处于强盛时期，吐蕃王松赞干布与唐联姻，为迎娶文成公主，松赞干布下令修建这座有九百九十九间殿堂的宫殿，“筑一城以夸后世”。布达拉宫始建时规模没有这么大，以后不断进行重建和扩建，规模逐渐扩大。17世纪中叶，五世达赖受清朝册封后，又由其总管第巴·桑结嘉错主持扩建重修工程，历时近五十年，始具今日之规模。到第十三世达赖，布达拉宫又进行了历时八年的修建。据说，这次修建仅白银就花费了二百一十三万两。从松赞干布到十四世达赖，在这一千三百多年间，先后有九个藏王和十个达赖喇嘛曾在这里施政布教。

西藏人笃信喇嘛教，均以能朝拜布达拉宫为一生的最大幸福。

唐僧取经与雁塔题名

《西游记》是由唐代高僧玄奘西行取经的故事发展而来的。在历史上，当然没有什么孙悟空、猪八戒，但是唐僧取经却是实实在在的历史事件。在《西游记》中，唐僧取经回来以后就回天竺国成佛了，那实际上唐僧取经回来以后都干了些什么呢？

唐僧从印度取经回来后就在长安城内最著名、最宏丽的佛寺——大慈恩寺专门从事译经工作。大慈恩寺是唐代皇室敕令修建的。到现在，还是全国著名的古代建筑，被视为古都西安的象征。

唐僧在大慈恩寺主持寺务，领管佛经译场，创立佛教宗派，又在寺内亲自督造了一座塔。因它是仿印度雁塔样式修建的，故名雁塔。由于后来又在长安荐福寺内修建了一座较小的雁塔，人们为了区别就把慈恩寺塔叫大雁塔，荐福寺塔叫小雁塔，一直流传至今。

大雁塔初建时只有五层，武则天时重修，后来又经过多次修葺。现在的塔是七层，平面呈方形，建在一座方约四十五米，高约五米的台基上，

共六十四米，呈方形角锥状。塔身为青砖砌成，各层壁面作柱枋、栏额等仿木结构。每层四面都有砖砌拱门。塔的底层四面皆有石门，门楣上均有精美的线刻佛像，传为唐代大画家阎立本的手笔。这种楼阁式砖塔造型简洁、气势雄伟，是我国佛教建筑艺术的杰作。

陕西榆林窟第三窟西行求法壁画

唐代赶考的举子，在考中进士后，都要到慈恩寺塔下题名，谓之“雁塔题名”，后世沿袭成习。所以大雁塔又是我国传统文人的福地。

“神合”小雁塔

在西安城南一公里处的荐福寺内有一座典型的密檐式佛塔——小雁塔，它是我国保存较好的唐代古塔，不但在我国，在世界上也颇有名气。

大家知道，大雁塔与唐僧取经有关，小雁塔也与这些印度的佛经有关。

小雁塔建于 707 年，共十五级，约四十五米高。相传，当年义净法师为了保存从印度带回的佛经，上表请求朝廷出资修建荐福寺塔。皇帝李显极其懦弱，凡事都要皇后拿主意。皇后得知此事后，即令后宫嫔妃及宫娥、彩女都捐钱修塔。宫人们争先恐后，慷慨解囊，捐的钱建了这座塔还未用完。

在漫长的岁月中，小雁塔经历了无数的风风雨雨。说起来，它还有一段“神合”的历史呢！

小雁塔

在 1487 年，陕西发生了 6 级大地震，把小雁塔由中间从上到下震裂了一条一尺多宽的缝。然而时隔 34 年，在 1521 年又一次大地震中，裂缝居然在一夜之间又合拢了。人们百思不得其解，便把小雁塔的合拢叫“神合”。在当时，这确实是难以解释的，只能把它归于“神迹”。

1555 年 9 月，一位名叫王鹤的小京官回乡途中夜宿小雁塔。听了目睹过这次“神合”的堪广和尚讲的这一段奇事后，惊异万分，后把这段史料刻在小雁塔北门楣上。

直到中华人民共和国建国后，政府在修复小雁塔时才发现它不是“神合”，而是“人合”。原来，古代工匠根据西安地质情况，在建塔时特地将塔基用夯土筑成一个半圆球体。这样，在小雁塔受震后压力能均匀分散，就像一个“不倒翁”一样，虽历经七十余次地震，仍巍然屹立。这不能不令人叹服我国古代能工巧匠建筑技艺的高超！

少林寺

少林寺是天下第一名刹，是禅宗祖庭和少林武术的发源地，因其坐落在河南省登封市中岳嵩山的腹地、少室山下的茂密丛林中，所以取名“少林寺”。

北魏太和十九年（495 年），孝文帝敕建了少林寺。释迦牟尼的大第子摩诃迦叶的第二十八代佛徒达摩泛海至广州，经南京，北渡长江来到嵩山少林寺，广集信徒授传禅宗，被佛教界尊奉为中国禅宗的始祖，少林寺也被奉为中国佛教的禅宗祖庭。

少林寺以禅宗和武术并称于世。隋唐时期，已具盛名。宋代，少林武术已自成体系，风格独绝，史称“少林派”，成为中国武术派别中的佼佼者。元明时期，少林寺已拥有僧众二千余人，成为弛名中外的大佛寺。清代中期以后，少林寺逐渐衰落。

少林寺虽历经沧桑，但是留存下来的文物仍然相当丰富。如：自北齐以后的历代石刻四百余品；唐至清代的砖石墓塔二百五十余座；北宋的初祖庵大殿；明代的五百罗汉巨幅彩色壁画；清代的“少林拳谱”和“十三

少林寺

和尚救唐王”等彩色壁画等都具有较高的历史、艺术和科学价值。

姑苏城外寒山寺

唐天宝年间，诗人张继赴京赶考，却不幸名落孙山。在一个秋天的晚上，乘船到苏州城西枫桥。这时，正当霜华满天，烟树迷蒙。面对这美妙的秋夜景色，诗人感慨万分，写下了题为《枫桥夜泊》的千古绝唱。

月落乌啼霜满天，
江枫渔火对愁眠。
姑苏城外寒山寺，
夜半钟声到客船。

这首神韵天成的名诗只用两句话就写出了诗人所见、所闻、所感，并绘出了一幅凄清的秋夜羁旅图。几声乌鸦的啼叫，满天的寒霜，这清冷的水乡秋夜陪伴着舟中的游子。这首诗不仅仅在中国流传千古，并且还传诵于海外，让人感到时空的永恒和寂寞，产生出有关人生和历史的无边遐想。寒山寺也因此而声名大噪，古今中外的骚人墨客中题咏寒山寺的数不胜数。在诸多的名胜中，像寒山寺这样在诗坛上享有如此盛誉的也算是绝无仅有了。

寒山寺最令人神往的无疑是钟楼了。楼内悬挂大小各异铜钟三口，其中悬于二楼的巨钟，钟体庞大，系仿明代造型，为清末年间制造。铸钟者技艺高超娴熟，岁岁除夕子夜时分照例敲钟一百零八下。

千年岁月弹指过，如今除夕之夜仍有东瀛僧侣和游客千里迢迢赶来瞻仰寒山寺，静候夜半一百零八响钟声。据说，日本人对寒山寺情有独钟，早在八百多年前，便有自己的寒山寺了。

张继（生卒年不详），字懿孙，襄州（今湖北襄阳）人，中唐时候的诗

☞ 西枫桥

人。他的诗多登临记行，不假雕琢。《枫桥夜泊》是广为流传的名作。

此地空余黄鹤楼

在唐代，有位姓辛的老实人，在湖北武昌临江开设了一间酒店，生意不是很好。有一次，忽然来了一位穷苦的道士向辛店主要酒喝。辛店主可怜他，就让他自己拿酒杯去喝，谁知道道士一喝就是一千杯，把他店里的存酒都喝完了。辛氏不但一点没生气，还为他能使道士尽兴而高兴，道士为了感谢他的千杯之恩，临行前在壁上画了一只鹤，每当酒客来时，它就能下来起舞助兴。从此辛家酒店宾客盈门，生意兴隆。

十年过去了，道士又来了，取出一支笛子，一吹之下，鹤又开始起舞了，道士跨上黄鹤直上云天。据说，这位道士就是云游天下的吕洞宾。辛氏为纪念这位好心的神仙，便在其地建楼，取名“黄鹤楼”。

还有一个传说，三国时有一人在黄鹤山中修炼成仙，然后乘黄鹤升天。后来人们为怀念他，便在这黄鹤山上建造了一座黄鹤楼。

以上当然都是神话传说，黄鹤楼在三国时就已经在这里临江修建了。它首先还是出于军事上的需要，但后来逐渐成为文人宴客、会友、吟诗、赏景的旅游胜地。历代的名人如崔颢、李白、白居易、贾岛、陆游等都曾先后到这里游览、吟诗、作赋。唐代诗人崔颢登上黄鹤楼赏景写下了一首千古流传的名作：

昔人已乘黄鹤去，
此地空余黄鹤楼。
黄鹤一去不复返，
白云千载空悠悠。
晴川历历汉阳树，
芳草萋萋鹦鹉洲。
日暮乡关何处是，
烟波江上使人愁。

黄鹤楼

后来李白也登上黄鹤楼，放眼楚天，胸襟开阔，诗兴大发，正要提笔写诗时，却见崔颢的诗，自愧不如，只好说：“眼前有景道不得，崔颢题诗在上头。”崔颢题诗，李白搁笔，从此黄鹤楼的名气大盛。

在历史上，李白也有两首有关黄鹤楼的名诗，一首是《黄鹤楼送孟浩然之广陵》：

故人西辞黄鹤楼，
烟花三月下扬州。
孤帆远影碧空尽，
惟见长江天际流。

另一首是《与史郎中钦听黄鹤楼上吹笛》：

一为迁客去长沙，
西望长安不见家。
黄鹤楼中吹玉笛，
江城五月落梅花。

号称江南三大名楼之一的黄鹤楼，原址在湖北武昌蛇山黄鹤楼矶头，相传它始建于三国吴黄武二年（223年），在历史的长河中，黄鹤楼历经沧桑、屡毁屡建、不绝于世，可考证的就达三十余次之多。黄鹤楼最后一次被毁是清末光绪十年（1884年）八月，因汉阳门外董家坡居民房屋起火，风大火猛，殃及城楼，很快将这千古名楼化为灰烬，仅存数千斤宝盖铜楼鼎一架。

赵州桥

据说，鲁班和他的妹妹鲁姜周游天下。一路上，鲁姜总是听到人们夸赞鲁班的手艺高超，心里很不服气，决心要跟哥哥比试比试。到了赵州，正巧要在河上造两座桥方便人们的生活，鲁姜就同哥哥约定，一人造一座，看看谁造得好。

鲁姜是个急性子，她一下子找来了许多材料，才半天工夫就在城西造好了一座桥，然后悄悄地溜到城南去偷看鲁班。到了那里，只见河水汩汩地流，却连个桥影子也看不到。正觉得奇怪，忽然远远地见鲁班赶着一群羊过来了。走近了一瞧，那哪是羊啊，分明是一块块雪白细润的石头。鲁姜看得心头一凉，急急忙忙地回到城西，在自己造的那座桥的栏杆上细细地雕刻起牡丹、杜鹃等，一口气刻了好多好多非常漂亮的图案。

第二天天一亮，两座桥都造好了。鲁班修的桥大刀阔斧，气势雄伟，十分壮观，被后人称为大石桥；鲁姜修的则小巧玲珑，各种图案精雕细刻，秀气美观，被后人称作小石桥。两座桥各有各的优点，深得赵州人民的喜爱。

还有一个传说是这样的，相传古时候，河水一到夏秋季节常常泛滥成灾，两岸的百姓有急事，过不了河，非常着急。木匠鲁班得知后，用“赶山鞭”从太行山顶赶下了石头，而后花了七七四十九天，修成了这座桥，取名“赵州桥”。鲁班说这桥能托住三山五岳。这事被“八仙”之一的张果老听说了，他想跟鲁班开个玩笑。

这天，张果老和柴王爷，一个骑驴，一个推车，来到

赵州桥

桥头，问鲁班师傅：“你的桥能经得住我们同时过去吗？”鲁班不知其中的奥妙，很干脆地说：“当然可以！”话音一落，张果老和柴王爷便不紧不慢上了桥。这时，桥身猛烈地摇晃起来，真有即将坍塌之势。鲁班一看不好，急忙跃入河中，双手托住桥身，才使大桥稳定下来。

原来，张果老当时背着“五岳名山”，柴王爷的独轮车上，载着太阳和月亮。这样重的分量压在上面，再坚固的桥也是经不住的。可是经鲁班一托，大桥却安然无恙了。事后，由于他们用力过大，在桥上留下了张果老的驴蹄印，柴王爷的车道沟，还有鲁班托桥的手印。

所以，名剧《小放牛》里有这样一段唱词：

赵州石桥是鲁班爷修，
玉石的栏杆是圣人留，
张果老骑驴桥上走，
柴王爷推车轧了一道沟
……

这些美丽的传说说明了赵州桥是多么的美观和坚固。历史上，赵州桥又称“安济桥”，俗名“大石桥”，在河北省赵县城南2.5公里处的洨河上，距石家庄市区仅45公里，是全国重点文物保护单位。

赵州桥建于隋开皇末年，至今已有1400年的历史，是隋代杰出工匠李春和众多石匠共同建造，也是世界历史上第一座单孔敞肩式石拱桥。桥全长64.40米，宽9.6米，这种敞肩的设计既减少水流阻力，又减轻桥身自重，桥形美观，构思巧妙，堪称千古独创。桥两边之栏板、望柱，无一不是隋代雕刻之精品。

赵州桥融技术与艺术于一体，可谓“车马千人过，乾坤此一桥”，引来历代文人争相题咏。唐开元十三年，工部尚书张嘉贞的《石桥铭序》是研究大石桥的重要历史文献。

卢沟桥的狮子

北京有句流行很广的谚语：“卢沟桥的狮子——数不清。”据说乾隆皇帝也亲自数过，但他从桥东数到桥西是408只，反过来数却成了439只，再数又成了451只，真是很难数清楚。

卢沟桥位于天安门西南十五公里的永定河上，它是北京地区现存的一座多孔连拱大石桥，距今已有八百余年历史。像这样雄伟的古桥在全国也是罕见的。卢沟桥两边有望柱和栏板，望柱281根，每个望柱上都有一石狮，石狮头上、背上、腹部、爪下都藏有一石狮，形态各异。古书《从海记》中说：“桥柱刻狮凡六百二十有七。”现在共有大小石狮501个。

卢沟桥始建于金大定二十九年（1189年）六月，明昌三年（1192年）三月建成。初名“广利桥”，后改称“卢沟桥”。在国外也称“马可·波罗桥”，桥全长260米，宽9.30米，十个桥墩，十一孔。中心桥孔间距21.35米，东西两岸间距16.49米。桥墩呈船形，进水一面有分水尖，每个尖上安置一根边长26厘米的三角铁柱以迎击洪水和冰块，保护桥墩和桥身。出水一面砌成流线型，状如

卢沟桥石望柱

船尾，能减少水流对桥孔压力。

“卢沟晓月”是燕京八景之一。

奇异的龙门石窟

龙门石窟是我国三大石窟之一，位于洛阳城南十二公里处。

在这里的香山和龙门山上，自北魏至晚唐的四百余年间，古代匠师凿窟建寺，建筑出了举世闻名的石雕艺术宝库。它南北长达1公里，共有97000余尊佛像，1300多个石窟，题记和碑刻3600余件。光是这些数字就足以使人咋舌了。

龙门石窟中最大的一个窟是奉先寺，它的长宽各30米。它的不平凡在于中间那尊巨大的卢舍那佛像。卢舍那佛像总高17.14米，头高4米，耳长1.9米。卢舍那意即“光明遍照”。这尊佛像丰颐秀目，嘴角微翘，呈微笑

龙门石窟

状，头部稍低，略作俯视，宛若一位睿智而慈祥的中年妇女，令人敬而不惧。实在是一件精美绝伦的艺术杰作。

整个奉先寺的雕塑群是一个完美的艺术整体。卢舍那大佛旁还有其弟子阿难、迦叶、胁侍菩萨和力士、天王的雕像。这些雕像有的慈祥，有的虔诚，再看边上的天王、力士像，则是面目狰狞、咄咄逼人，把主像烘托得更突出。

龙门石窟中另一个著名洞窟是宾阳洞。这个窟前后用了二十四年才完成，是开凿时间最长的一个洞窟。洞内有十一尊大佛像。主像释迦牟尼高鼻大眼、体态端祥，是北魏中期石雕艺术的杰作。

洞中原有两幅大型浮雕《皇帝礼佛图》和《太后礼佛图》，画面上分别以魏孝文帝和文明皇太后为中心，前簇后拥，组成礼佛行列，构图精美，雕刻细致，艺术价值很高，是一幅反映当时帝王生活的图画。但是在解放前被奸商盗运到美国，现分别藏于美国堪萨斯城纳尔逊艺术馆和纽约市艺术博物馆。

在龙门石窟还有一个奇特而有价值的洞——药方洞，在这个洞里刻有140个药方，这不但反映了我国古代医学的成就，而且也是古代医学成就传之后世的一个重要方法。

乾陵与无字碑

唐代的女皇帝武则天有着传奇的一生，她在不断的迁徙中度过童年，十二岁时父亲病死，不满十五岁时被选入宫中，因生得娇媚可人被唐太宗赞为“媚娘”，继而册封为“才人”，但在宫中并不得宠。

当时民间盛传“唐三世之后，女主昌”，而道士观天象后则断定“三十年后当有女主武王篡唐，且尚在宫中”。于是，对此满怀忧虑和不安的唐太宗在病危之际便将武才人及后宫嫔妃统统赶出宫去作尼姑。

削发为尼的武则天在感业寺备尝寂寞孤独后，终于得以重返宫中，以极为残忍毒辣的手段击败竞争对手王皇后和萧淑妃，并将她们铲除，在三十三岁时登上皇后的宝座。

武则天乘高宗体弱而干预朝政，后来干脆与高宗合称“天皇天后”，共同处理朝政，唐王朝出现历代历朝所不曾有的“二圣同朝”局面。十年后高宗逝世，她实际上已经完全取得皇权：杀太子李弘，废太子李贤，立李显为太子，不久又让李旦继承皇位，自己垂帘听政。690年，她自己称皇帝，将国号改为“周”，实现了一代女皇的千秋伟业。

705年，她以八十一岁的高龄去世之前，又召回庐陵王李显，将奋斗一生所夺来的大唐江山拱手奉还。唐王朝没有在她统治期间显露任何危机的迹象，而国力更为强盛。而她死后也如同许多平凡的女子一样埋葬在她的丈夫唐高宗李治身边。

武则天之所以能够最终实现目标，来自她仿效男人的决绝果敢的作风。她曾经说过：“要治服烈马有三物，一是铁鞭，一是铁锤，一是匕首。鞭打不行就锤其首；锤打不行就用匕首割断它的喉咙。我制人如同制马。”

武则天死后葬乾陵，乾陵马道两边的石刻是唐代石刻的代表之作：南门外自北向南有翁仲十对，仗马五对，华表、翼马、鸵鸟各一对；东西南北四门外各有蹲狮一对；北门外另有石马一对。

乾陵的石刻让我们立刻想象到当时唐王朝向世界开放的程度以及它满怀自信力和创造精神地将异域文化改造吸收的精彩程度。狮子、鸵鸟都是中国土地上前所未有的动物，更不曾出现在唐以前的图腾或者壁画、石雕、石刻之中；手法也不再只是唐以前中国传统的大写意、借形发挥，而是依照西方的雕塑手法写生雕凿，无论是比例还是外观都极为逼真传神。更

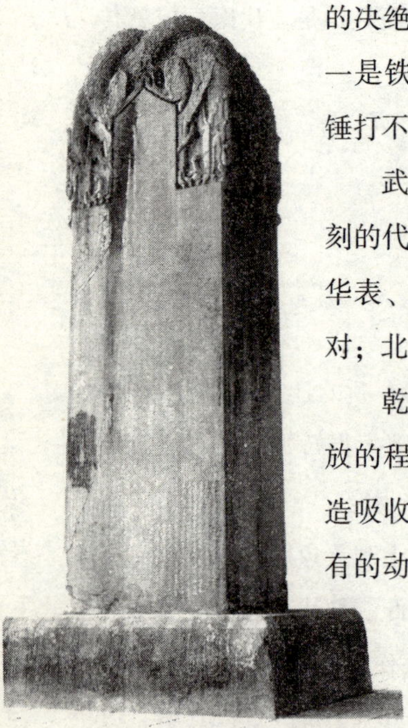

无字碑

有断了头的“六十一藩臣”石雕像。

武则天的墓碑高 7.53 米，宽 2.1 米，厚 1.49 米，但碑中不见唐代所刻一字。后人所加的文字，也斑驳若离，若明若暗，模糊不清。

武则天为什么在自己的墓碑上不刻一字？历代学者为此争执不休，众说纷纭。纵观诸说，大致有以下几种说法：其一，武则天自知自己执政中，篡权改制，滥杀无辜，荒淫无道，罪孽深重，无功可记，无德可载，与其贻笑后世，不如一字不镌；其二，武则天自认为她在位时，扶植孱弱，打击豪门，发展科举，奖励农桑，继贞观之治，启开元全盛，政绩斐然，彪炳史册，远非一块碑文所能容纳，留下空碑一座，以示自己功盖过世；其三，武则天一生聪颖机警，常作惊人之举，立无字之碑，意在千秋功罪，让后人评说。

乾县百姓，自武则天死后，每逢麦收之际，纷纷来到无字碑前焚香祀奠，追念武则天的功德，正如明代一位无名诗人在无字碑上题的诗写的那样：

乾陵松柏遭兵燹，
满野牛羊春草齐。
惟有乾人怀旧德，
年年麦饭祀昭仪。

古代的“风水”学说

提起“风水先生”，恐怕绝大多数现代人都既熟悉又陌生。熟悉的是都知道这路人都是封建时代的骗子，专门给人选坟地，看看房基、地什么的。但是真的要说起“风水”是一门什么样的学问，恐怕绝大多数人都说不出个所以然来。

其实，“风水说”是我国的先民基于农业社会的经验而发展出的一门古代科学，它表现出了朴素的整体观和系统观。透过“龙虎”、“气脉”等故作高深的词汇，可以看到“风水说”所信仰和追求的其实是“天人合一”，即人与自然的和谐相处，而这正是现代和未来生态学所追求的目标。

千百年来，风水模式在中国大地上铸造了一件件令现代人赞叹不已的人工与自然环境和谐统一的作品，形成了中国人文景观的一大特色。它对寺庙建筑布局的影响尤为明显。

“风水说”有很多迷信的成分，但它的哲学思想和理论体系是基本一致的。事实说明，正是“风水说”促成了中国“天人合一”哲学思想的具体化。

“风水说”强调气脉的连续性和完整性，所以《葬书》有“断山”、“独山”不可葬之说。以明十三陵为例，为了保全十三陵陵园的风水，明王朝恨不得把整个燕山山脉皆作为保护对象。皇陵西南数十里的西山、金山、玉泉山、七冈山、红石山、香峪山都是山陵龙脉的所在，都不许“造坟建寺，伐石烧灰”。

依“风水说”来看，十三陵所在山地属燕山之余脉，它与北京西山虽有数十里之遥却一脉相通。这种保护气脉及网络结构的整体性和连续性的做法至少对地下水及生物的空间运动是十分有益的。这在自然保护区的景观规划及生态研究中是值得借鉴的。

与气脉的完整性和连续性同样重要的是它的曲折和起伏。无论是山脉、水流还是道路，“风水说”都对曲折与起伏有着特别的偏好，认为只有曲折回环起伏方有生气止蓄。以水流来说，曲折蜿蜒的形态除了有其美的韵律外，还可以增加物质的沉积，有利于生物的生长，减少水灾等等。

但是，与“风水说”的理论思想相比，“风水说”的技术体系则显得苍白无力，由于有很多迷信的东西寄托其中，使得“风水说”中的合理成分被无情地否定了。

在传统经典单口相声《小神仙》中，民间艺术家对不学无术、黑心骗钱的风水先生做了无情的批判：

风鉴先生惯说空，
说南说北说西东。

若是真有龙虎地，

何不当年葬乃翁！

苏三与洪洞明代监狱

《苏三起解》是一出著名京剧，尤其是经艺术大师梅兰芳的演绎，使整个中国几乎无人不晓，“苏三离了洪洞县”的唱词也广为流传。

《苏三起解》的全剧名叫《玉堂春》，剧中描写了明朝年间，北京有个名妓叫玉堂春，真名苏三。她天生丽质，同贵公子王景隆结识，两人情投意合，立下山盟海誓。王景隆在苏三那里没用一年时间就把钱都折腾光了。老鸨认钱不认人就把他赶出妓院。苏三自王景隆走后，任凭老鸨软硬兼施，誓不接客。老鸨无法，只好偷偷地将玉堂春卖给山西省洪洞县的大商人沈燕林为小妾。

沈的大老婆皮氏，既刁又泼，得知沈燕林买回个小老婆，就在苏三做的面条里下了毒药，谁知道误将沈燕林毒死。皮氏嫁祸于苏三并买通了洪洞县官，苏三被定成死罪。

正好王景隆金榜题名，被委派为八府巡按，前往山西巡视。苏三上告，王景隆与苏三相认，将皮氏判了死罪，欢欢喜喜和苏三成了亲。

提到苏三，提到洪洞县，就不能不提洪洞的明代监狱，这是我国惟一的、保存最完整的明代县衙古监狱。它始建于明朝洪武元年（1368年），距今已有六百多年的历史。

现在，监狱内还有对称的六间普通牢房，每间牢房门低窗小，小土坑距地面不足一尺。据史载，狭小的牢内少则关五六人，多则关十几人。

监狱最引人注目之处是死囚牢。牢门上方有一石刻的“狴犴”，它是龙的九子之一，凶猛善搏，生平好讼，因长得像老虎，所以大牢也俗称“虎头牢”。

穿过虎头牢，就是一个小四合院。人在院中如落井底，小院北面有一孔枕头窑，被隔为三间，东侧的窑洞是关押重刑犯的地方，枕头窑的西侧就是当年囚禁苏三的地方。在院子当中有一口小巧玲珑的水井，深不过六七尺，井口直径只有 23 厘米，这是统治者为防止犯人投井自杀专门设计的。狭小方正的青石井台上，有十几道绳痕清晰可辨，是历代犯人打水时用绳子拉磨出来的。

丈八墙可说是明代监狱最具特色的地方了。墙高一丈八并不为奇，堪称奇特的是它 1.7 米的厚度。墙体里全部用沙子填满，犯人想要逃跑，惟一的希望就是在南墙打洞。然而一打洞，沙子就会不停地流下来。洞口越大，沙子的流动速度就越快。所以，犯人想要打洞外逃是根本不可能的，这足见统治者的用心良苦。

医卜星相

扁鹊切脉奇诊赵简子

晋国大夫赵简子，又名赵鞅，掌管着晋国的军政大权。一日突患重病，卧床昏迷不醒，汤水难进。恰逢名医扁鹊行医来到晋国，被赵简子家臣请至赵宅诊治。

扁鹊说，简子大夫得的这病叫血脉症，系劳累过度引起，以前秦穆公就得过这病。过不了三天，他一定会自己醒过来，醒后也会说一些稀奇古怪的事。

果然，两天半以后，赵简子自己慢慢地苏醒了过来。而且绘声绘色地描述病中的梦呓，和扁鹊断言的症状一模一样。后来赵简子将扁鹊经常采药的古蓬山一带四万亩土地赐给了他。

这个传说充分说明了扁鹊的医术高明。历史上，扁鹊姓秦，名越人，春秋战国时期渤海（今河北省任丘县）人。少时拜师民间老医生长桑君。精通长桑君诊病的方

扁鹊像

法和治病的技术，最终成为一代名医，他是先秦时期医家的杰出代表。由于他能药到病除，和传说中的神医扁鹊一样，人们就干脆把他叫做扁鹊。

他在诊视疾病的实践中，已经应用了中医全面的诊断技术，即后来中医总结的四诊——望、闻、问、切。“望”就是看外形及舌苔，“闻”就是听病人说话和呼吸的声音，“问”就是询问病情，“切”就是摸脉搏。当时扁鹊称之为望色、听声、写影和切脉。扁鹊的医疗方法多种多样，如针刺、贴、手术、服药等。后来扁鹊受到当时秦国太医令李醯的嫉妒而被人杀害了。

扁鹊生前一共传授了九个弟子，他的高明医术就靠这些弟子传了下来。至今仍在人类的卫生保健事业中发挥重大作用的中国传统医学，其许多基础理论都与扁鹊有密切的关系。

浑天仪和地动仪

张衡（78 年～139 年），字平子，南阳郡西鄂县（今河南南阳）人，是东汉著名的天文学家。他最主要的成就是著《灵宪》，制浑天仪，造地动仪，在历法方面也有研究。此外，他还是一位机械技术大师，才情高远的大文学家和画家，对后世文化的发展有深远的影响。

地动仪（模型）

张衡对我国天文学发展的杰出贡献在于他创制了浑天仪。张衡设计制作浑天仪是为了辅以其天文学说——浑天说。

张衡创制的“浑天仪”是用来演示天体

浑天仪（模型）

运行的"浑象"，由支架和一个表面遍布星座、直径四尺多的中空铜球组成，类似近代的天球仪，球上刻有二十八宿和中外星官。

张衡在地震学领域也很有建树，他的代表作就是震古烁今的候风地动仪。候风地动仪，又称地动仪，制成于阳嘉元年（132 年），是世界上第一台观测和报告地震的仪器。地动仪像一个卵形的酒樽，是用精铜铸成，直径有八尺。仪体外铸有"山龟鸟兽"，象征地上的山峦和天上的青龙、白虎、朱雀、玄武等二十八宿。体外八方刻有八卦篆文表示八方之气。体外附有八条龙，龙首各朝八方，象征阳；八只蟾蜍抬首张口居龙首之下，象征阴。由此构成了阴阳、上下、动静的辩证关系。仪体内有一根高且细的铜柱称为"都柱"。都柱在仪体内居于顶天立地的位置，是按古代天柱之说设计的。都柱旁有八组滑道，滑道通过杠杆连接龙头，龙头嘴内含有铜球。地震时，倾斜的都柱倒向地震方向的滑道，倒到尽头推动杠杆，通过杠杆作用引发一个像擎机一样的牙机，龙首打开，铜球落入下面的蟾蜍口中，发出"当"的一声响。司

五禽戏图

仪之人根据落球的方位，便可报告地震发生的方向。

这台仪器构思巧妙，制作精密，据史书记载“验之以事，合契若神”。不仅可以测出近距离的、人们可以感觉得到的地震，还可测出发生在数千里之外的地震！

名医华佗与“五禽戏”

“五禽戏”是我国传统的体育健身术，对体内的气血、身体的骨骼筋肉都很有好处，它是我国东汉末年著名医学家华佗模仿虎、鹿、熊、猿、鸟五种动物的活动姿态而创编的。

据考证，早在四千多年前，就有人模仿鸟兽运动之形来健身治病。西汉马王堆三号墓内的帛画导引图有一些动作就是津模仿动物的形态和姿势的。后来，华佗总结了前人的实践经验和丰富理论创编了《五禽戏》。

华佗曾对他的弟子吴普说：“多运动就能不积食，血脉流通，不生病。所以古代的仙人创造了‘导引’的功法。我也创造了一个方法，叫‘五禽之戏’。一曰虎、二曰鹿、三曰熊、四曰猿、五曰鸟。多练习能够消除疾病，身体轻便　食欲大振。如果能一直坚持，就算到了九十余岁，也能耳目聪明，齿牙完坚。”

后世人据此受到启发，在华佗五禽戏的基础上，创编并发展了多种流派的五禽戏。

练习五禽戏，要全身放松，情绪轻松乐观；还要调匀呼吸，用腹式呼吸，舌抵上腭，吸气用鼻，呼气用口；而且动作要形象，如虎之威猛、熊之沉稳、鹿之温驯、猿之

华佗像

轻灵，鹤之轻翔舒展，都应该注意模仿。

沾“火”就着的“药”

火药是我国古代四大发明之一，可是这种杀伤力极大的黑色粉末为什么叫“火药”呢？

把它同“火”联系起来，这很好懂，因为它特别容易着火，有强烈的爆炸力。可是它为什么又叫“药”呢？

原来，黑色火药有三种成分——硫黄、硝石和木炭。硫黄是一种矿物，大约在西汉年间，我国湖南发现了丰富的硫黄矿。

以后，在山西、河南等省也陆续发现了硫黄矿。硝石也是一种矿物，大约也是西汉时候发现的，出产在四川、甘肃一带。木炭是非常普通的东西，在古代，人们砍了树木，把它烧成木炭，拿来做燃料。

炮台火药缸

它出现的年代当然比硫黄和硝石早得多。这三样东西除了木炭当时都是做药用的。

由于硫黄和硝石都是医病的药，又因为这两样东西和木炭合在一起会发火，因此大家就把这三样东西的混合物叫做“火药”。它的意思就是“着火的药”，或者“发火的药”。

三垣二十八宿

二十八宿是神怪小说中耳熟能详的“星君”，古代中国常有某人是二十八宿中的某宿下界的说法，可见，二十八宿在中国古代的影响是非常大的。那么二十八宿具体是什么呢?

中国古代为了认识星辰和观测天象，把天上的恒星几

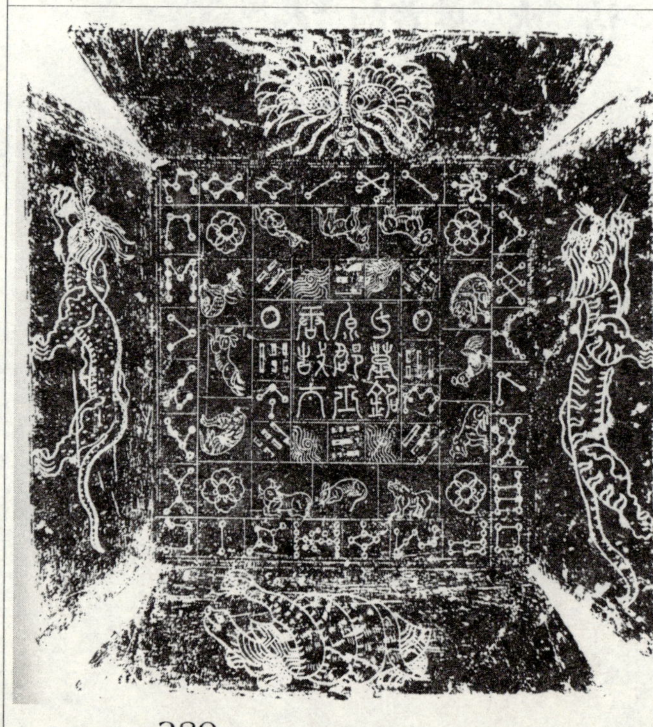

☞ 南唐墓盖上的二十八宿

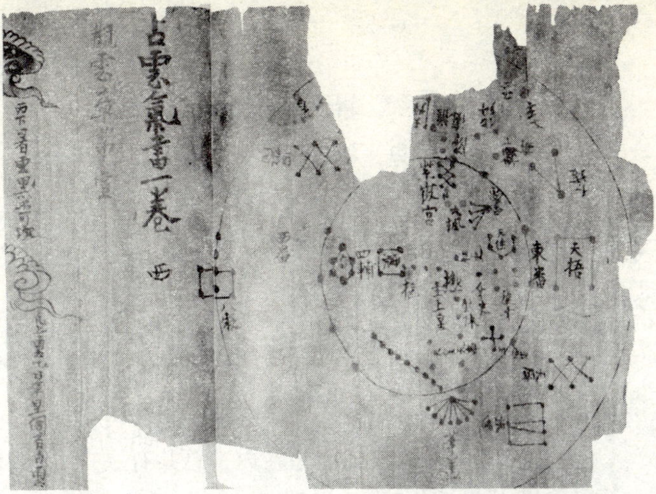

敦煌石窟紫微垣星图

个一组，每组给定一个名称，这样的恒星组合称为“星宫”。各个星宫所包含的星数多寡不等，少到一个，多到几十个，所占的天区范围也各不相同。在众多的星宫中，有三十一个占有很重要的地位，这就是三垣二十八宿。在唐代，三垣二十八宿发展成为了中国古代的星空划分体系，类似现代天文学中的星座。

三垣是紫微垣、太微垣、天市垣。紫微垣包括北天极附近的天区，大体相当于拱极星区；太微垣包括室女、后发、狮子等星座的一部分；天市垣包括蛇夫、武仙、巨蛇、天鹰等星座的一部分。

二十八宿最初是古人为比较日、月、金、木、水、火、土等恒星的运动而选择的二十八个星宫，作为观测时的标记。“宿”的意思和黄道十二宫的“宫”类似，表示日月五星所在的位置。到了唐代，二十八宿成为二十八个天区的主体，这些天区仍以二十八宿的名称命名，和三垣的情况不同，作为天区，二十八宿主要是为了区划星宫的归属。二十八宿从角宿开始，自西向东排列，与日、月运动的方向相同。

东方七宿：角、亢、氐、房、心、尾、箕。

北方七宿：斗、牛、女、虚、危、室、壁。

西方七宿：奎、娄、胃、昴、毕、觜、参。

南方七宿：井、鬼、柳、星、张、翼、轸。

此外还有贴近这些星宫与它们关系密切的一些星官，如坟墓、离宫、附耳、伐、钺、积尸、右辖、左辖、长沙、神宫等分别附属于房、危、室、毕、参、井、鬼、轸、尾等宿内，称为“辅宫”或“辅座”。唐代的二十八宿包括辅宫或辅座星在内，总共有星一百八十三颗。

1974年，在河北宣化下八里辽墓中后室的墓顶发现的黄道十二宫图。

二十八宿按东北西南四个方位分作四组，每组七宿，分别与四种颜色、五种四组动物形象相匹配，叫做“四象”或“四陆”，对应关系如下：东方苍龙，青色；北方玄武，黑色；西方白虎，白色；南方朱雀，红色。

在道教教义中，二十八宿星官，各有姓名、服色和职掌。如角星神，姓宾，名远生，衣绿玄单衣；亢星神，姓扶，名司马，马头赤身，衣赤缇单衣，带剑等等。

二十八宿是古人观测天象的基础，在古代中国、印度、巴比伦和阿拉伯等国所表现的意义虽不同，但都确实是存在的。如果说它们同出一源，似乎没有什么疑问。然而，它究竟起源于哪一国呢？近一百多年来，各国学者各执一端而争论不休，到现在仍是文化史上一个尚未解决的悬案。

天干地支的发明者

在中国古代的历法中，甲、乙、丙、丁、戊、己、庚、辛、壬、癸被称为“十天干”，子、丑、寅、卯、辰、巳、午、未、申、酉、戌、亥叫做“十二地支”。两者按固定的顺序互相配合，组成了干支纪法。天干地支在我国古代主要用于纪日，此外还曾用来纪月、纪年、纪时等。那么，干支纪法的发明者究竟是谁呢?

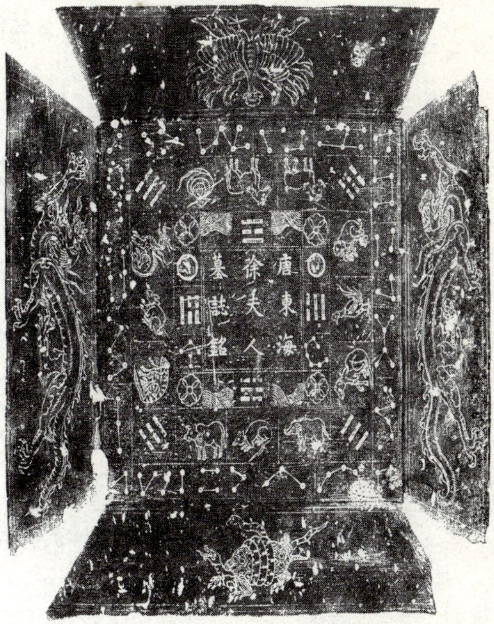

南唐徐氏墓志，目前发现的十二生肖文物中较为完整的一处。

梁启超在《国文语原解》中认为，天干地支这二十二个字，颇为“奇异复杂而不可思议”。按梁氏的观点，中国古代干支纪法的发明似乎与腓尼基的二十二字母有关联。

郭沫若提出了不同的观点。郭认为：“十天干”纯属十进位记数法的自然发生，其中多半是殷人所创制。至于“十二地支”起源于古巴比伦，在比较中国古代的十二辰和古巴比伦的十二宫后，指出中国古代的十二辰和十二地支都是从古巴比伦的黄道十二宫演变而来。

这个问题一直到现在也没有讨论清楚。

求签

在五代时，有位宰相叫卢多逊。在他年幼时，父亲带他到云阳观与小朋友们一起念书。云阳观是一个道观，观内废坛上有一筒签，年代很久远了，不知道什么时候被人扔在那里。卢和小朋友们竞相拿来玩。当时卢的年纪很少，识字不多，得到了一支签，回家给他父亲看。卢父一看，签上的词句是："身出中书堂，须因天水白。登仙五十二，终为蓬海客。"

父亲很高兴，认为这是吉兆，就把签珍惜地收藏起来。后来卢真的做了宰相，应了"身出中书堂"；而他的失败则是因为派手下赵白与秦王廷美联络，应了"须因天水白"；事发后流放南方，五十二岁死于朱崖，应了"登仙五十二，终为蓬海客"。签中的话竟然一字不差。

这当然只是传说，求签是在生产力尚不发达的时代，群众迷信的产物。那么，求签究竟是什么形式，又是起于何时呢？

求签首先起于道观，在道观里经常有签筒，里边放着细长的签条，签条常用竹木片制成，上边写有词句。求签的人可以从中随机抽取一条，依其上所载词句，判断吉凶，体会神意。

在抽取之前，当事人应持签筒并在神前祷告，然后摇动签筒，直至有一根从中跳出，即算是神赐之签，也可用手去取。求签是古代民众经常到道观中进行的一项占问吉凶祸福的活动。

求签至迟产生于唐朝末年的道观中，后来几乎遍及一切神庙、宫观和寺院。求签活动是什么时候开始的，具体年月不大容易确定，但最迟应当出现于唐末。五代时间很短，卢多逊生于唐末，在他幼时废坛上已有古签筒，足见签的出现尚在此前。

产生于道观中的签在后来被普遍采纳，佛教的寺院、民间的神庙都摆上签供人抽取。再后来，走街串巷摆地摊的、相面的、算卦的也都带上一筒子签了。

占卜

占卜是中国民间常见的现象。寻常说的占法大多是由专门的人员主持，占卜的人只是作为求援者、求人释难者参与此事，也有由当事人或其亲友直接主其事的占卜方式。比如“物占”，就是以物为卜，最寻常的便是以乌鸦叫为凶，喜鹊叫为喜。又如吴地民间在春天将万年青——当地称千年蕴剪短，然后以它长势定当年吉凶（“蕴”谐音“运”，万年青长得好算是有好运）。

而更为典型的占卜则是祈梦。

祈梦又称求梦，是在神庙中睡下，以其时梦境为神示，由之占问吉凶祸福的方法。

对梦的占问由来已久，可以追溯到原始时代，古代典籍中有不少记载。“楚辞”、《山海经》中都提到过夏后启梦见飞到天帝那儿得受“九歌”而归的神话。可见上古人对梦是极其重视的，认为梦是一种预兆，或是神的某种启示，或是显现某一趋势。也有人认为梦中精神离开了肉体，便能够和神往来，或者到达神灵世界。所以古人一旦做了梦，便要请人圆梦，即请专职的巫师或者公认的聪明人解释梦的征兆。

旧小说当中有非常多的圆梦地记载，甚至让人认为中国的历史发展竟是由大人物的梦来左右的。

圆梦是巫师的职责之一，《周礼》中有专门掌管梦占的职务，隶属于春官大司伯。在民间则有《周公解梦》等书出现，《道藏》中也有些零星的梦占资料。

从这些梦书中，我们也能得到很多古代人的习俗与志趣。比如梦见棺材则好，梦见女人则不好等。